川島令三

鉄道カレンダー

全国とことん楽しむ行動案内12ヵ月

講談社+α《プラスアルファ》新書

はじめに

新しい路線が開通すれば真っ先に乗りに行き、路線の廃止が近づくと名残《なごり》を惜《お》しんで乗りに行く。珍《めずら》しい路線や車両、昔懐《なつ》かしい列車が走ればやはり乗りに行き、さらにそれらを写真に収める。これが鉄道ファンの一般的な習性である。

また、鉄道の趣味にもいろいろなジャンルがあり、それぞれにファンがいる。完全乗車をはじめ、実際に乗ることを楽しむファン。列車写真を撮ってアルバムに収めるファン。列車の走行音や駅のチャイム、車内放送を録音するファン。車両番号を記録し、車両編成表を作って楽しむファン。線路の配置（配線図）を記録するファン。鉄道の歴史を追うファン。さらには駅弁ファンや切符収集家など、まさに多岐にわたっている。

ただ、いずれのファンにも共通していえるのが、季節の移り変わりに合わせて、こまめに現地の路線や駅に赴《おもむ》くということだ。

新線開通や路線廃止などの一回限りの出来事はもちろん、毎年行われるイベントもある。代表的なのは春と秋に行われるＪＲのダイヤ改正、それに10月14日の「鉄道の日」に各地で行われるイベントであろう。

季節によっても臨時列車が走る。春は新緑を楽しむ行楽列車、夏は海水浴列車、秋は紅葉《もみじ》狩り列車、冬はスキーのための各シュプール号などなど……。初詣《はつもうで》列車や帰省《きせい》列車、お盆などに走る臨時列車も恒例行事である。

いろいろな路線の開通記念日が近づくと、開通記念列車だって走る。他にも、その季節ならではの地域の名所や風物詩など、見どころ、行きどころは日々尽きることがない。

鉄道を趣味にしている人は、毎月いろいろな視点から鉄道を楽しんでいる。これを月ごとにまとめてみたのが本書である。

人によって趣味嗜好《しこう》は異なるし、毎月の出来事をすべて取り上げるわけにもいかなかったが、代表的なものをチョイスしてみた。

加えて、筆者が主に2004年の4月から2005年3月までの1年間にわたって、どのような乗車体験をしたのかや、かつての新線開通などのとき、どのように行動したのかも書かせていただいた。読者諸氏の今後の活動の参考にしていただければと思う。

なお、ひとつだけ弁解させていただくと、本書では最近の廃止路線についてはあまり触れていない。たとえば2005年3月末、日立電鉄全線と、のと鉄道穴水《あなみず》―蛸島《たこじま》間、名古屋鉄道の岐阜市内線が廃止され、廃止直前には多くの鉄道ファンが、これらの路線に別れを告げるべく最後の乗車を楽しんだ。だが、筆者は廃止前にこれらの路線をなんとか残すべく、廃止反対運動に参加させていただいたことから、廃止直前は静かに見守るだけにした。

廃止当日に現地まで赴いたのは1975年5月の阪神国道線のときが最後で、それ以来、一度も行っていない。辛《つら》い思いをしたくないからである。

しかし、廃止の半年前くらいまでは何度も足を運んで別れを惜しみ、また、なぜ廃止されるのかや、廃止を免《まぬが》れる方法はないのか、といったことなどを模索したりしている。時期こそ違えど、やはり現地を訪れていることに変わりはない。

どんな分野の鉄道趣味でも、基本は現地に行って見聞きすることである。そのためには前もって、どんな背景があるのか知識を得ることが大切だ。いろいろな背景を知れば、さらに楽しむことができるだろう。

ということで、鉄道を楽しむにあたって本書がお役に立てば幸いである。

二〇〇五年四月

川島令三《かわしまりょうぞう》

◉目次

第三章　3月——試作30年!!　磁気浮上式鉄道「リニモ」への道

第四章　4月——年度初め、鉄道史を学ぶ月だ!!

第八章　8月――バテる夏。涼を求めて避暑の旅へ!!

第九章　9月――おトクな切符で四国鉄道巡礼

第十章　10月――東海道&北陸新幹線、スピード化のドラマ

第十一章　11月——北海道初のＳＬを再び走らせる夢

第十二章　12月——かにカニ列車と餘部《あまるべ》鉄橋のナゾ

※本書の内容は、とくに断りのない限り、
２００５年３月現在のものです。

第一章　1月——鉄道ファンの一年が初詣《はつもうで》列車から始まる!!

1日…各地を走る初詣特別列車

多くのJRや私鉄は、大晦日《おおみそか》の晩から元旦にかけて終夜運転を行う。初詣列車といわれるものである。全国の鉄道ファンの一年は、この初詣列車から始まる。

2005年、札幌からは、函館《はこだて》線の小樽《おたる》と反対方向の岩見沢、千歳《ちとせ》線の千歳、札沼《さっしょう》線の石狩当《いしかりとう》別《べつ》の4方面に、それぞれ1時間毎《ごと》に3本運転された。しかも、いずれも札幌発1時、2時、3時の毎時0分に、いっせいに発車した。どれに乗るか迷うところだし、札幌での同時一斉発車シーンはさぞかし見ものであったろう。

東北地区では「平泉《ひらいずみ》初詣」号が一ノ関—北上間で、快速「ゆく年くる年平泉」号が、大晦日の晩に盛岡から一ノ関へと、元旦の夜明け前に一ノ関から盛岡までを走った。

仙台付近の東北線では、白石《しろいし》—仙台—松島間で大晦日の夜から「初詣2005開運」号が7往復、また仙台—平泉間に「こがね初日の出平泉」号、平泉から気仙沼《けせんぬま》までの「こがね初日の出気仙沼」号、気仙沼—仙台間の「こがね初日の出仙台」号が走った。この3本は快速「こがね初日の出」号と総

京王のかつての初詣電車「迎光《げいこう》」号。高尾山口にて

称し、平泉と気仙沼で3時間の接続時間がとってあり、平泉で中尊寺《ちゅうそんじ》、気仙沼で初日の出を見て仙台に戻るというものだ。全車指定席、募集ツアー客が主だが、別個に指定席を取ることもできた。常磐《じょうばん》線の仙台―湯本間では快速「開運初日の出」号も1往復した。これは一部指定席列車である。さらに前述の仙石《せんせき》線「初詣2005年開運」号と石巻《いしのまき》線の「初詣金華山《きんかざん》」号も6往復走った。仙台は東北一の都市のために、多方面に深夜運転しても結構利用されるのである。

東京発着となると、JRおよび私鉄の主要路線で頻繁《ひんぱん》に初詣電車が走る。JR東日本の団体用列車を使った長距離列車として、グリーン車のお座敷列車による大宮―上野―湯本（常磐線）間の快速「常磐初日の出」号と「熱海《あたみ》初日の出」号や、特急車両を使った「犬吠《いぬぼう》初日の出」号（高尾―新宿―成田―銚子《ちょうし》間）、「成田山初詣」号（池袋―東京―成田間。成田エクスプレス用車両使用）、「アルファ・リゾート21」という伊豆《いず》急行の車両を使った「伊豆初日の出」号が走った。信越線・しなの鉄道では「ニューイヤー」号などが、名古屋周辺では東海道線や中央線から熱《あつ》田《た》神宮と豊川稲荷《いなり》への初詣列車が走り、これに対抗して名古屋鉄道も特急を含む終夜運転を行った。また、伊勢神宮へは近鉄が独壇場《どくだんじょう》だが、JRも特急「伊勢初夢」号を走らせた。

関西地区でもJR、私鉄が主要路線で終夜電車を運転、岡山では倉敷の倉敷チボリ公園で行われるカウントダウンに合わせて「チボリ・カウントダウン」号が走り、広島から宮島に向けても、山陽線や呉《くれ》・可部《かべ》・芸備《げいび》の各線から初詣列車が走った。SL列車が走っている山口線ではこれを使った「ＳＬ津和野稲成初詣《つわのいなり》」号が、四国では金毘羅宮《こんぴらぐう》に向かって高松、岡山から「こんぴら初詣」号が、ＪＲ九州では「ハウステンボスカウントダウン」号が博多と早岐《はいき》、門司《もじ》、長崎、佐世保《させぼ》から走り、博多から太宰府《だざいふ》へも当然、西鉄とＪＲ、甘木《あまぎ》鉄道が終夜運転を行った。

これら初詣列車ではヘッドマークをつけたり、普段はお目にかかれない車両が走ったりして、鉄道ファン、わけても列車の写真を撮るファンはうずうずするものである。とはいえ、全国至るところで走るので、すべてを撮るのは当然不可能だ。

そこで毎年、「今年はここととあそこを走る初詣列車を撮ろう」などと計画している人が多いが、そうはいっても毎年同じ列車が走るものでもない。東京や名古屋、京阪神地区に住んでいる人なら各線で終夜運転をしているので、効率よく各種列車を撮ることはできるが、普段とあまり変わらない列車が多く、それほど醍醐味《だいごみ》はないと思っている人も多い。

筆者はというと、独身時代は首都圏の各種初詣列車を、大晦日から元旦にかけてよく撮りに行ったものだ。現在はすっかり御無沙汰《ごぶさた》になったが、元旦は初日の出を自宅から見て、午後から近場の七福神巡り、２日に高幡不動《たかはたふどう》にお参りするついでに京王電鉄の初詣列車を昼間に撮影、ということだけは毎年繰り返している。ただ、その京王電鉄の初詣列車もヘッドマークすらつけず、まったく普段と変わらない特急が走るだけとなった。やや寂しいところなので、正月三が日くらいはヘッドマークをつけてほしいものである。

31日…日本初の営業電車が開業

明治28年（1895年）1月31日、京都電気鉄道（京電）の塩小路《しおこうじ》・新高倉（七条停車場）―伏見《ふしみ》町・京橋間（正式な認可区間は塩小路・東洞院通《ひがしとういんどおり》―伏見町・下油掛《しもあぶらかけ》間）6・6キロが開業した。日本で最初の営業電車である。当然、路面電車であった。

今は電車というと専用の線路を高速に走るものと思われがちだが、昔は電車といえば路面電車のことで、専用線路を走るものは〝高速電車〟と呼ばれて区別されていた。富山や松山などでは今でも、電車と高速電車を区別している（もっとも、高速電車とはいわず鉄道線と称するところが多いが）。

京電のレールの幅（軌間）は今のJRなどと同じ1067ミリ、架線電圧は550ボルト、現在のものと同じシングルトロリーだった。車両はダブルルーフでオープンデッキの2軸単車、集電装置はもちろんポール式である。

京電が営業路線として最初に電車を走らせたわけだが、明治23年5月には東京上野公園で開かれた第3回内国勧業博覧会で、アメリカ・ブリル社製のスプレーグ式電車がお披露目《ひろめ》されている。長さ500メートルの単線路線を2両の電車が走り、軌間は東京馬車鉄道などと同じ1372ミリ、架線電圧は500ボルト、シングルトロリーと、規格は5年後に開業した京電と、軌間こそ違うがほぼ変わらなかった。

この勧業博で走った電車は、当時全国で走っていた馬車鉄道に代わるものとして注目を浴びた。馬車鉄道では馬の糞尿《ふんにょう》公害や餌《えさ》代で困っていたが、電車に替えればこれらは解決できる。しかし、電車を走らせるには発電所が必要だった。上野勧業博では東京電灯の神田錦町《かんだにしきちょう》発電所から受電したが、容量的に問題があった。京都には琵琶湖疏水《びわこそすい》を利用した京都市水利事務所経営の発電所があり、ここから受電可能だったので、最初の電車を走らせることができたのである。

勧業博の車両の組み立ては日本で行われたが、車体、台車、機器その他すべてはアメリカ製だった。京電の車両は、車体はのちに汽車会社となる平岡工場製、台車はアメリカのミラー社とブリル社製、モーターはGE社製で、モーター出力は25馬力のものを1両に1個装備していた。

現在は、路面電車を運行するにあたっての法律である軌道法やそれに伴う省令・規則などがあるが、京電の開業時には条例が何もなかったため、運行を開始すると種々の問題が生じ、なんらかの法規制が必要となった。

開業したときは全線単線で、途中19ヵ所に行き違い箇所を設置したものの、運転士が持つ時計の狂いや車両故障のために正常ダイヤで走ることは少なく、行き違い箇所ではない単線線路上で両方向からの電車が出会ってしまうことがよくあった。どちらが行き違い箇所まで戻るかで運転士同士がケンカし、ときには両方の車両に乗っている客も加わったりした。ケンカくらいならまだいいが、碁盤《ごばん》の目状になっていて幅が狭い京都市内の道路では直角にカーブする箇所が多く、見通しも悪いために正面衝突して電車が大破してしまい、乗客が重傷を負うこともあった。幸いにも速度が遅かったので死者こそ出なかったが、負傷者は天災に遭《あ》ったものとされ、京電は治療費以外は一切支払うことはなかった。

また、狭い道路に線路を敷いたために歩行者が電車に轢《ひ》かれる事故も多発し、開業2ヵ月目にはついに死亡事故も起きてしまった。

そこで京都府は、府令として電気鉄道取締規則を発布した。要約すると、まず第一に、電車には運転士、車掌、告知人の3人の乗務が必要とされた。今の路面電車はワンマン運転が当たり前だが、当時は従来の車掌に加えて、さらに告知人を別に乗せることを義務付けたのである。警笛《けいてき》がなかった当時、告知人は街角横断時や雑踏街路走行時に電車から降りて、昼は赤旗《あかはた》、夜は赤色に塗ったちょうちんを灯《とも》して持ち、電車の前を走りながら注意を呼びかけるのが職務とされた。夜は全線で前行を義務付けられた。

第二に、見通しが悪い街角や急カーブの箇所に信号人を配置して、一方の電車が走ろうとするときに対向電車が進入しないよう、昼間は旗、夜は灯火《とうか》の合図をするようにさせた。

車掌に対しては告知人の管理を義務付けるとともに、認可外の運賃徴収、定員外の乗客を乗せること、街角、橋、往来の妨害になる場所での客の乗降の3点を禁じた。当時は停留所がなく、適当な場所で乗降させていたのである。さらに軍隊・郵便・消防の各馬車や葬儀《そうぎ》などに行き合ったときは、これらを優先するよう適宜《てきぎ》行動せよとした。

運転士に対しては、電車運転中は運転所（運転席）を離れてはならないこと、前方に注意し、徐行し、危険があるときは警鐘《けいしょう》を鳴らすこと、同方向に2両以上の電車が走るときは60間（約109メートル）以上の間隔を開けて走ること、最高速度は時速6マイル（約9・7キロ）とすることなどが定められた。

告知人は〝前走り《まえばし》〟と呼ばれた。電気鉄道取締規則の発布により、急遽《きゅうきょ》前走りを集める必要ができたが、時間がないので子供を集めることにした。前走りは「危《あぶ》のおまっせ」と叫びながら電車の前を走っていたが、自身が電車に轢かれる事故も多く起きて、批判を浴びた。

そこで、電車の正面下部に救助網と称する大きな網を設置、前走りや通行人をすくい込むようにして轢死《れきし》事故を防ぐようになった。

救助網はフェンダー（86ページ写真参照）と呼ばれ、その後開業した多くの電気鉄道にも採用されて前走りを不要としたが、京電で採用したときには前走りの廃止を申請しても、すぐには許可されなかった。ただし、他の電気鉄道が開通する前には、すでに廃止されていた。

京電はこの他、二つの大きなエピソードを残した。一つは運休日があったことである。先に述べたように、電気は疎水によって発電していたが、疎水には藻《も》が繁茂《はんも》するため、毎月1日と15日

電車検知用のトロリーコンダクター（矢印部分）。名鉄岐阜市内線徹明町《てつめいちょう》にて

は発電を休止して藻刈りをする。このため京電も運休になったのだ。開業年には大晦日から元旦まで終夜運転も行われたが、昼間は発電所も休みのために電車も走らなかった。

もう一つは、電車回しというものである。堀《ほり》川中立売《かわなかだちうり》の堀川に電車専用の橋を架ける際、上流すぐの既設の橋のほど近くに架け、その手前でほぼ直角に折れ曲がるようにした。しかし、電車が走れないほどの急カーブとなったので、転車台（ターンテーブル）を設置、これによって電車を回して曲がるようにした。これが電車回しと呼ばれるようになったのである。

信号人の怠慢《たいまん》で電車同士の鉢《はち》合わせがなおも絶えなかったので、京電では行き違い箇所で所定の行き違いをするようにし、さらには集電用のポールによって回転するトロリーコンダクタ

堀川端《ほりかわばた》を走る晩年のN電（開業時とはルートは異なる）

ーを行き違い箇所の架線に設置、進行方向および通過したことを検知させるとともに、対向電車を先の行き違い箇所で待たせるようにした。また、停留所を設置して、自由勝手に乗降できないようにした。

当初、架線は現在のように1本で、変電所への帰線は地面を使っていたが、やがて水道管が地面に埋められるようになり、これが鉄管だったので帰線電流によって錆《さび》が激しくなった。このため帰線電流用の架線も備えたダブルトロリーが登場している（なお、これは上水道が普及した都市から順次採用されており、京電が最初ではない）。やがて水道管が鉄管から鉛管その他に取り替えられると、ダブルトロリーもなくなった。

京電は初めての電気鉄道のために、いろいろと逸話を残したが、明治45年に京都市営電車の開業で営業が脅《おびや》かされ、大正7年（1918年）に市営化、多くは標準軌に改軌されたり、路線の統廃合がなされたりした。それでも京都駅前―北野間の北野線では狭軌のまま、車両もその後のものではあるが単車のダブルルーフのままで、N電と呼ばれて昭和36年（1961年）まで走っていた。廃止後、N電はいろいろなところに引き取られ、現在でも愛知県犬山の明治村で2両が元気に働いている。

21日…京急の前身・大師《だいし》電気鉄道

最初の営業運転電車である京電の次には、現在の名古屋鉄道の前身である名古屋電気鉄道が開業しており、明治32年（1899年）1月21日に開業した京浜急行電鉄（京急）の前身である大師電気鉄道は、関東では最初だが全国では3番目の電気鉄道となった。ところが、現存している電気鉄道では大師電気鉄道線（現・京急大師線）が最古の路線である。

京電は市営化後、市電そのものが全廃、名古屋電気鉄道ものちに鉄道線を開業させると、軌道線（路面電車線）の大半が市営化となり、市電は全廃、わずかに残った元名古屋電気鉄道の軌道線も市電全廃のずっと前に廃止された。

大師電気鉄道が最初に開通させたのは、今の京急大師線の六郷橋《ろくごうばし》（廃止）―川崎大師間2・3キロである。とはいっても、現存するのは国道15号（第1京浜）の東側、港町駅の手前の六郷橋ターミナルだったわずかな箇所だけで、他は路面線から専用線に付け替えられたりして、開業時と同じ場所を走ってはいない。

京電のところで述べたように、明治23年に上野の勧業博で電車がお披露目されたことから、各地で電車を走らせようという動きが盛んになった。

神奈川県でも多数の起業家が、京浜間に電車を走らせようと県に申請した。当時は電車が実用に耐えうるものかどうかわからなかったので、短い区間だけ許可し、様子を見ようということになって、発起された大師電気鉄道の六郷橋―大師間だけが認められた。京電と名古屋電気鉄道の最初の開業区間も短かったが、これらも同様の理由からである。なお、大師電気鉄道は軌間に日本初の標準軌1435ミリを採用した鉄道である。

官設線の川崎からではなく六郷橋からにしたのは、川崎駅前で営業していた人力車組合からの反対があり、やや離れた六郷橋を起点にせざるをえなかったからである。官設川崎駅からは遠かったものの、和解した人力車組合と協定したので開業初日から満員御礼の状態、川崎大師の縁日の毎月21日には積み残しが出るほどだったので、すぐに複線化された。また、六郷橋でも大師でもホームの終端の先にループ線を設置して、折り返し作業をせずにぐるっと回って方向転換できるようにした。これにより頻繁運転を可能にしている。

最初に揃えた車両は電動車2両とそれに引っ張られる付随車2両の4両だけで、京電と同じ木造4輪単車だが、標準軌なので電動車の車体はやや大きかった。月島車輌《しゃりょう》製で、付随車を引っ張るのでモーターはアメリカのGE社製25PSのものが2個、台車もアメリカのベックハム社製で、六郷橋で組み立てたものである。

盛況なので、すぐに2両を増備することになったが、それまでのつなぎとして上野の勧業博でお披露目された2両のうち1両を、輸入した三吉商会から借り入れて標準軌に改軌した。だが、3月に発注したうちの1両、さらに5月に残る1両の入線が間に合い、借り入れ車両は車体が小さかったためにその後はあまり使われることもなく、明治37年に廃車となった。

ちなみに、勧業博で用意された残る1両は東京市街鉄道に引き取られて花電車として走り、市営化後は市電青山車庫で大切に保存されていたものの、太平洋戦争の空襲により焼失廃車になってしまった。

大師電気鉄道は開業した明治32年の4月に京浜電気鉄道と改称、品川八ツ山橋、横浜神奈川の両方向に延長し、高速運転可能なボギー台車も揃え、俗にインターバンと呼ばれる都市間電車となって、六郷橋─大師間は大師線と称されることになった。両方向に延伸される途中で官設川崎駅へも延長され、横浜─品川間開通後は六郷橋─川崎間は大師線に編入、川崎大師からも小島新《こじましん》田《でん》まで部分開業で延長された。

現在、大師線の京急川崎─川崎大師間は連続立体交差事業による地下化が計画されている。大師線の京急川崎は本線京急川崎とJR川崎駅の間に設置され、川崎大師までのルートも大幅に変更される。このため日本最古の電鉄としての路線も消滅してしまい、その後に開通した阪神電鉄本線の一部が残されるだけになる。さらに阪神本線も大半が立体化され、今後も立体化が続くので、開業時のまま地上に残っている区間はわずかでしかなくなる。

なお、大師線京急川崎駅には計画されている川崎地下鉄（正確には川崎縦貫《じゅうかん》高速鉄道）が接続して、小田急の新百合ケ丘《しんゆりがおか》から小島新田まで相互直通運転をする予定である。さらに小島新田からなんらかの方法で羽田空港まで延伸する構想があり、これが実現すると新百合ケ丘―羽田空港間に直通電車が走ることになる。しかし、川崎地下鉄の建設は当面見送られることになり、いつ実現するか定かではない。

寒冷地で試験をする試作車

新開発の試作車両が毎年登場している。暖かい地方を走る車両ならさほどでもないが、寒い地方を走る車両では、いろいろと確かめておかなければならないことが多い。

そこで寒さがきつくなる1～2月に、寒冷地を走らなければならない新形車両や新システムの車両、新路線の耐寒・耐雪試験が行われる。

上越新幹線が開通する前には、雪を溶かした融雪水《ゆうせつすい》を流す溝が雪で塞《ふさ》がれないかとか、当時揃

道路も線路も走れる車両、DMV（Dual Mode Vehicle）

えた２００系新幹線電車のボディマウント構造が本当に役立つかなどの試験を1～2月に行った。北海道に電車を初めて投入しようとした当時の国鉄も、北海道に本土から電車を持ってきて、仮設の電化区間で試験を行った。

東北新幹線は八戸《はちのへ》から新青森までが建設中だが、この地区の雪は上越新幹線の重い雪とは性質が異なる。そこで八戸の先で先行して高架橋を設置、青森の雪はどのようにして溶かし流せばいいかを試験することになっているし、北海道新幹線直通用の車両がまもなく東北新幹線に登場するので、これも1～2月に耐寒・耐雪試験を行うことになろう。

２００５年の1月には北海道日高《ひだか》線と青森の八戸線で、今までとは異なるシステムで走る試作車両を試験している。日高線ではＤＭＶ

NEトレインはディーゼル発電機と蓄電池を備えている

(Dual Mode Vehicle) と称される、道路と線路の両方を走れる車両が、八戸線ではハイブリッドトレインであるNE (New Energy) トレインが試験走行した。

DMVはマイクロバスの前後に小さな鉄道車輪を取り付けたもので、道路走行時は前後の鉄道車輪を収納し、普通のマイクロバスとして走る。線路走行時は鉄道車輪を降ろすものの、駆動輪である後輪のゴムタイヤはレールに接したままで走る。鉄道車輪は進行方向を案内するだけで、線路走行でもゴムタイヤの駆動で走るのだ。

そうなると、雪やレール面が凍ったときに不具合があるのか、ないのかを試す必要がある。そこで日高線が選ばれたのである。

日高線沿線は雪が少ないことから、当初は雪深い札沼線でテストを行っていたが、ここは平坦なところを走っていて急カーブも少ない。急カーブ・急勾配《こうばい》があり、列車があまり走っていないところというと、日高線の浦河《うらかわ》―様似《さまに》間が最適なのである。雪は少ないがそれでも降るし、レール面での雪の凍結のデータもとれる。

ＤＭＶは、線路から道路へのモード変換は簡単、その逆は鉄道車輪をレール面にのせるために少し手間がかかるが、それでも簡単なので、全国から導入希望が多い。

問題は、定員が20人以下と少なすぎること、鉄道線路の出入りが現状の信号システムでは対応できないこと、そして線路走行時の乗り心地が非常に悪いことである。ただし、線路走行時の走行性能はすこぶるいい。

筆者はこのＤＭＶに試乗する機会に恵まれたのだが、道路走行では通常のマイクロバスと乗り心地はまったく変わりがなかった。一方、線路走行時は加速はすごかったが、乗り心地はすこぶる悪く、二昔前の貨車に乗っているようなものであった。道路走行へのモードチェンジは、鉄道車輪を上げてゴムタイヤの前輪を路面に接するだけで、ロスタイムがほとんどない。乗車したまま道路へのモードチェンジをしたが、行われているのがまったくわからないほどスムーズだった。線路走行へのモードチェンジも、それほど時間はかからなかった。

今後、定員の少なさは連結運転で解消、信号システムについてはＧＰＳ衛星による現在位置の把握で対応、乗り心地の悪さもできるだけ改善していくという。しかし、これらを完全にクリアするのは並大抵《なみたいてい》でないことも事実である。

さて、NEトレインはディーゼルエンジンで発電した電力で電気モーターを回すという仕組みで、通常の電車にディーゼル発電機と蓄電池《ちくでんち》を追加したものである。クルマのハイブリッドカーではエンジンも高速走行時に駆動力として加わるが、NEトレインはあくまで発電だけである。蓄電池の性能が向上したので、起動時はモーターだけで加速し、蓄電池の電力が不足したときに発電機が回る。停車時の照明や冷暖房も、20分程度なら蓄電池だけで満たせるので、非常に静かだ。ブレーキをかけるときも時速5キロ程度まで電力回生《かいせい》ブレーキを使用するので、蓄電池への電力供給に発電機をほとんど使わず静かである。

寒冷地では蓄電池の性能が落ちる。そのために八戸線を試験線に選んだわけだが、ここが選ばれたのは八戸線の八戸—陸中八木《りくちゅうやぎ》間の駅間距離が比較的短く、加減速を繰り返すのでデータが取りやすいためである。

こちらにも試乗してみたところ、加速時はモーター駆動で静かだが、しばらくしてディーゼル発電機が動きはじめるとややうるさくなる。それでも通常の気動車よりは静かだ。加速度は首都圏などで走っているE231系電車とほぼ同じで、八戸線であまり速く走ると踏切の遮断《しゃだん》時間が短くなるのでやや落としているとはいえ、いい加速をする。早く実用化してほしいものである。

第二章　2月——冬の北海道名物列車、「流氷ノロッコ」号

5日…日本初の無人電車が開通

首都圏の多くの人は、「ゆりかもめ」が日本最初の無人の新交通システムと思っているが、「ゆりかもめ」が開通したのは平成7年（1995年）11月1日のことで、その15年近く前の1981年2月5日に、神戸新交通ポートアイランド線三宮《さんのみや》―ポートターミナル間3・4キロが開通している。これが日本初の無人電車である。

これは通称、ポートライナーと呼ばれるもので、神戸ポートアイランド博覧会（'81ポートピア）の開会直前に開通した。三宮―ポートターミナル間が複線、その先は単線ループでポートアイランドを一周し、三宮に戻っていく。

一般に新交通システムと呼ばれるが、ポート

神戸ポートアイランド博覧会に併せて開通したAGT、ポートライナー

ライナーは狭義でいう新交通システムで、広義での新交通システムには路面電車を発達させたＬＲＴ（Light Rail Transit：軽快電車軌道＝高性能路面電車）やモノレール、ミニ地下鉄も入る。

　ポートライナーは日本語では案内軌条式といわれるものであり、これでは長ったらしいので、最近ではＡＧＴと呼ばれるようになった。Automated Guideway Transitの略である。

　約1ヵ月後の3月16日には、大阪市交通局の住之江《すみのえ》公園―中《なか》ふ頭《とう》間に南港ポートタウン線、通称ニュートラムが開通。やはり無人運転だが、こちらは少し前まで監視のために乗務員が乗っていた。

　昭和57年（1982年）11月に京成のユーカリが丘から単線ループで住宅を一周するユーカリが丘線が開通、58年12月に大宮からの埼玉新都市交通ニューシャトル、60年4月に西武鉄道山口線（西武球場前―西武遊園地間）、平成元年7月に横浜新都市交通金沢シーサイドライン、平成3年3月に名古屋の桃花台《とうかだい》新交通ピーチライナー、平成6年8月に広島高速交通アストラムラインが開通したが、これらはシーサイドラインを除いて有人運転、シーサイドラインも当初は有人運転だった。この間の平成2年2月に神戸新交通六甲アイランド線六甲ライナーが開通しており、これは当然無人運転である。

　ＡＧＴの導入は、開通している路線では東京の「ゆりかもめ」が最後であり、久々の無人運転だったから注目を浴びたのである（平成9年に大阪港トランスポートシステム［ＯＴＳ］線も開

東京の無人電車「ゆりかもめ」

通しているが、これは大阪のニュートラムの延伸として、という意味合いが強い)。

現在、AGTを建設しているのは、既設線の延長を別とすれば、日暮里《にっぽり》・舎人《とねり》線だけである。それまで検討していた各自治体は、建設費が安いLRTを導入する方向に切り替えている。LRTにはきちっとした建設補助金制度がないが、今後、この制度を法制化する予定があり、今後は本格的なLRT線が出現しよう。

神戸ポートライナーではまもなく開港する神戸空港に併せて、中公園—神戸空港間4・4キロを建設中、同時にポートターミナル—中公園間を複線化して急行を走らせようという計画がある。

AGTとしては初めての急行運転が開始されるのである。

日本海のカニを堪能《たんのう》する

ＪＲ西日本では毎年、「かにカニ日帰りエクスプレス」なるクーポンを発売している。年末年始を除く12月1日から3月21日までの期間、ＪＲ西日本沿線の各地区から日本海側へ臨時列車を走らせるとともに、地元の旅館ともタイアップして、往復の運賃料金とカニ料理を格安のセットにしたものである。特急の普通車指定席利用が標準だが、グリーン車利用の「極みコース」や、産地にこだわったカニを使用した「究極のカニ」コースといったものもある。

とくに城崎《きのさき》、竹野《たけの》、佐津《さつ》、香住《かすみ》、浜坂《はまさか》へは、利用客が多いために、「かにカニ北近畿」（大阪―城崎［現・城崎温泉］・香住間）、「かにカニはまかぜ」（播但《ばんたん》線回り大阪―香住間）、「かにカニ但馬《たじま》」（播但線回り大阪―浜坂間）などの臨時列車が運転される。

筆者もこれらの列車に乗ってカニを食べに行ってもいいのだが、知人との間で、もっと豪華で格安な「カニを食する会」が毎年2月初めに行われているので、たとえインフルエンザで寝込んでいようが、這《は》ってでもこの会に参加するようにしている。

２００５年は2月5日に行われた。場所は北陸線加賀温泉近くで、北前船で有名な橋立港にあるカニ料理、磯《いそ》料理の「山本屋」さん。選《え》りすぐりのおいしいカニを腹いっぱい食することができる。温泉はないが、近くの塩《しお》温泉の湯本館で立ち寄り湯を浴びることができる。

筆者は毎年、この会に参加し、その前後に周辺の鉄道を取材するのが慣《なら》わしである。「周遊きっぷ」の越前・若狭《わかさ》ゾーンを使用したり、上越新幹線、ほくほく線、北陸線で加賀温泉に行き、加賀温泉から敦賀《つるが》、米原《まいばら》経由で東海道新幹線に乗れる一周切符を使ったり、その一周切符も米原でなく京都経由にしたり、名古屋から中央西線、東線を通ったりした。

2005年は東京地区発売の「北陸フリーきっぷ」が通年発売となったことから、これのグリーン車用を使うことにした。フリー区間は北陸線の富山—加賀温泉間と富山港線、氷見《ひみ》線、城端《じょうはな》線、七尾《ななお》線である。

グリーン車用は東京都区内からが2万4000円。普通車用の東京都区内発が2万1400円だから2600円の差で、また、川口・戸田公園—大宮間からなら2360円の差で、グリーン車か寝台特急「北陸」のB寝台（個室ソロも含む）を利用できる。行き帰りは上越新幹線の越後《えちご》湯沢《ゆざわ》または長岡発着の特急か、寝台特急「北陸」を利用するが、フリー区間内で降車または乗車したあとの特急利用は普通車自由席になる。とにかく、これもお得な切符である。

筆者は「Max たにがわ」305号に乗って越後湯沢で朝一番の「はくたか」2号に乗り換え、富山で下車して富山港線を往復、同線のLRT化が決定しているので、それを推進する富山市を取材後、高岡で路面電車の万葉《まんよう》線に乗る行程を予定していた。帰りは小杉《こすぎ》で行われているRACDA高岡（路面電車と都市の未来を考える会・高岡）という市民グループのワークショップ

筆者の2月のおもな行動範囲

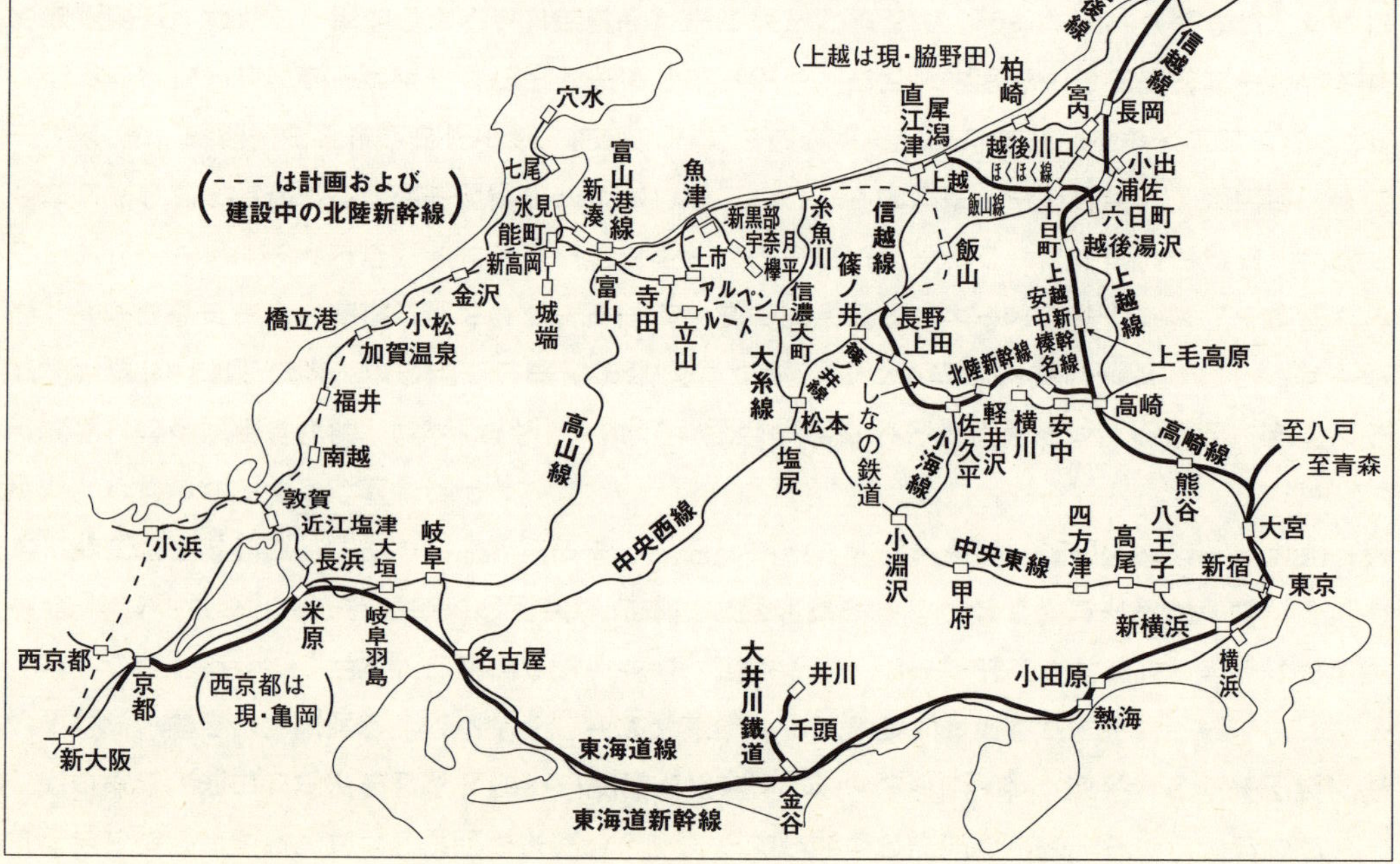

に参加するつもりで、帰りの時間が未定なので、小杉で帰りの指定券を入手することにした。ところが、当日は越後地区が大雪で上越線が不通、「はくたか」２号も運休という車内放送がなされた。続いて、長岡で「はくたか」４号が接続する旨《むね》の放送もあった。「はくたか」でなく「北越」の間違いだろうと、通りかかった車掌氏に「北越」ではないかと聞くと、「はくたか」４号であるとの明快な返事。長岡発着の「はくたか」はまず見られない。それに新潟県中越地震で脱線した新幹線電車の現場も見ることができる。富山到着はずっと遅くなるが、これらを見るいい機会である。

長岡には9時前に到着。「はくたか」４号は9時40分発車との案内があり、その前に遅れていた「北越」２号が接続。この列車に乗客は殺到したが、こちらは急ぐ旅でもないので「はくたか」４号が停車する3番線に向かった。車両は北越急行所属の６８１系、窓ガラスが１枚割れていてビニールフィルムで補修されていた。グリーン車に乗ると誰もいない。ほとんどは「北越」2号に乗ったのであろう。発車間際でも6人しかいない。４号は富山までの間に、直江津《なおえつ》、糸魚川《いといがわ》、入善《にゅうぜん》、黒部《くろべ》、魚津《うおづ》に停車するが、結局、それからグリーン車に乗ってくる人はいなかった。

ほくほく線では時速１６０キロで突っ走る「はくたか」だが、長岡からの信越線は１２０キロが最高速度、しかも、既存のダイヤに無理やり走らせているから、あまり速くなかった。さらに対向列車とすれ違うときにスピードを落としている。おそらく補修した窓を気にしてのことであ

長岡に停車中の「はくたか」（左）と先に発車する「北越」（右）

ろう。しかし、しばらくすると１２０キロの最高速度を出すようになった。窓が保つという報告でも入ったのだろう。

　ほくほく線が開通する前は、長岡乗り換えが東京―北陸間の主な移動手段だった。その頃のことを思い出しているうちに、犀潟《さいがた》からいつものルートとなり、直江津を過ぎると１３０キロのいつものスピードを出すようになった。

　糸魚川の先からは建設中の北陸新幹線の高架線などが見えるようになる。親不知《おやしらず》からの日本海を眺め、富山に到着したものの、予定よりも1時間30分ほど遅い12時前の到着だった。

　これでは市役所に行っても昼休みなので、先に富山港線を往復することにした。富山を除いて各駅は無人駅、なのに車掌は切符を回収しない。これでは無賃乗車もかなりあるだろうと思ったが、途中から乗った人はすべて改札口にある回収箱に切符を入れていた。富山は正直な人が多いと感心する。

富山港線はＬＲＴ化されると、富山―下奥井《しもおくい》間の踏切から道路上を走ることになる。その踏切を見ると、近くの工場を立ち退《の》かせないとどうしてもカーブが切れない。難しいことになるなと思ったが、富山港線を往復したのち、市役所を訪問して交通政策課に聞いたところ、すでに代替地への移転に合意済みとのことだった。ここでは富山港線のＬＲＴ化資料を快《こころよ》く譲《ゆず》っていただいた。予定がずいぶんずれたので、富山発「しらさぎ」12号で加賀温泉に直行、その夜はカニ三《ざん》昧《まい》を楽しんだ。

翌日は小杉でワークショップに参加してから、17時7分富山発の「はくたか」17号に飛び乗った。定時の発車で、もちろんほくほく線経由だったが、雪のために10分ほど遅れた。

「はくたか」は余裕時間が少なく、しょっちゅう遅れるが、そんなときは上越新幹線と上越線の間の中間改札が開放される。いちいち切符を見せないで済むので、乗り換え時間が通常の10分から3分に短縮される。さらに、上越新幹線は時速２４０キロで走れるが、余裕をみて２１０キロ走行によるダイヤを組んでいる列車が多い。この日も連絡する「とき」３３４号は8分遅れで発車したが、大宮到着は定刻となった。

「はくたか」は、ほくほく線では時速１６０キロ、北陸線では１３０キロで突っ走り、しかも余裕時間を切り詰めて所要時間の短縮を図っているわけだが、それに連絡する上越新幹線はずいぶん余裕時間をとっていて、もどかしいことこのうえない。「はくたか」が遅れたときにはそれが役に立つものの、空路に対抗するためには240キロなんてことといわず、270キロを出して、10分以上スピードアップをしてもいいように思う。

「鉄道3時間説」というものがある。3時間で都市間を結ぶ列車があると、同区間での空路とのシェアは五分五分かやや優位に、2時間半で80％、2時間で100％に上がり、逆に3時間半では30％に、4時間になると10％程度に下がるという説である。

上越新幹線と「はくたか」による金沢から東京までの所要時間は最速3時間44分、富山からは2時間54分で、シェアは空路のほうがやや有利である。しかも多くの列車は最速列車よりも遅い。10分以上短縮すれば、鉄道のほうがかなり有利になるので、上越新幹線はもっと頑張ってほしいものである。

北海道名物「流氷ノロッコ」号

毎年1月の末から3月にかけて、釧網《せんもう》線で「流氷ノロッコ」号が運転される。これに合わせて札幌―網走《あばしり》間に「流氷特急オホーツクの風」号も走る。「流氷ノロッコ」号は網走―知床斜里《しれとこしゃり》間を走るが、釧路《くしろ》側では標茶《しべちゃ》で折り返す「SL冬の湿原」号も運転される。

人気列車「流氷ノロッコ」号

網走から「流氷ノロッコ」号に乗って、知床斜里で普通に乗り換え、標茶で「ＳＬ冬の湿原」号に乗るということはできない。釧路からも同じである。

ただし、ＪＲ北海道釧路支社が運行している「ツインクルバス」の知床斜里・標茶ラインであれば、網走発の「流氷ノロッコ」１号に知床斜里で接続、ツインクルバスで移動、標茶で「ＳＬ冬の湿原」号に乗って釧路に向かうということができる。逆のコースはない。

ツインクルバスの利用は１回１０００円で、前後でＪＲ線を利用するのが条件だ。これ以外にも、ウトロ・知床斜里ライン、標茶・養老牛《ようろううし》ライン、養老牛・ウトロラインがある。

しかし、バスで行くのでは釧網線全線乗車とはならない。釧網線を貫通する列車は１日４往

勢いよく煙を吐《は》く「SL冬の湿原」号

復、うち普通が3往復、快速が1往復で、いずれも片道3時間以上かかるし、午前中に釧路や網走を発車する快速「しれとこ」のあと、貫通する列車は午後遅くにしか来ない。快速「しれとこ」が発車してから「流氷ノロッコ」号や「SL冬の湿原」号が走るので、これらのいずれかに乗って釧網線を抜けるのは1日がかり、両方に乗るとなると2日がかりになるから、これらで釧網線を完乗するのをあきらめる人も多い。

釧網線を完乗し、かつ「流氷ノロッコ」号と「SL冬の湿原」号の両方に乗れるようにするには、網走発の「流氷ノロッコ」号に接続する緑《みどり》行の普通を標茶行に延長すればいい。釧路では「SL冬の湿原」号が札幌発一番の「スーパーおおぞら」1号に接続している関係で11時11

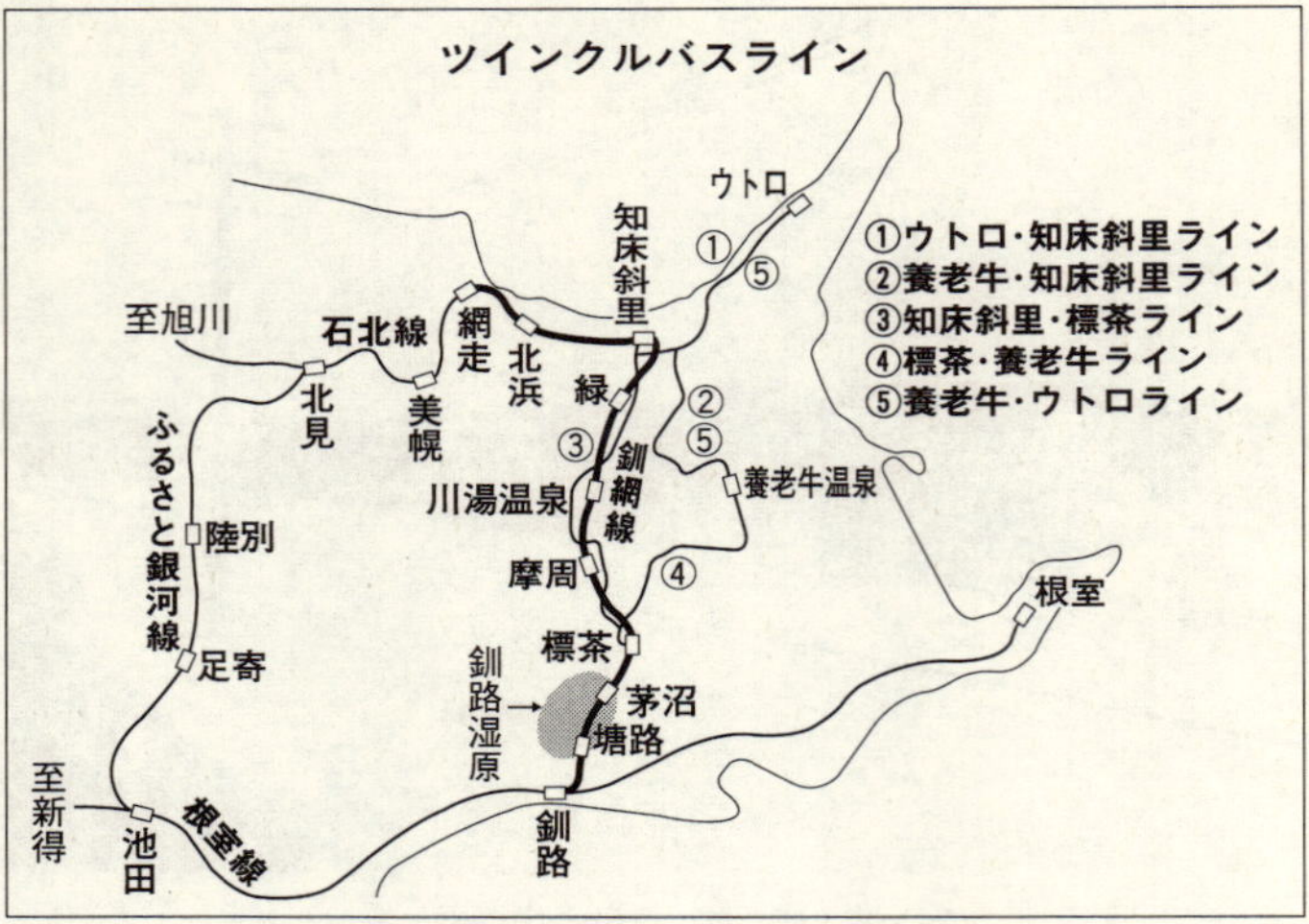

分発になり、標茶から普通に連絡したとしても「流氷ノロッコ」4号に接続できないので、「流氷ノロッコ」号を増発する必要がある。また、札幌―網走間を走る特急「オホーツク」号は5時間20分かかり、「流氷ノロッコ」3号にはようやく乗れるものの、「SL冬の湿原」号には乗れないばかりか、釧網線を貫通すると釧路到着は18時半になってしまう。流氷観光船「おーろら」号にも乗るとすれば、2〜3日は網走、釧路にいなければならない計算だ。釧網線のダイヤ構成はなんとかできないかと、いつも思ってしまう。

●「流氷ノロッコ」号に乗って

「流氷ノロッコ」号は知床斜里を8時55分に出る2号が最初で、知床斜里あたりに泊まる人、あるいはツアーでウトロに泊まり、観光バスで知床斜里に行く人などが利用する。ツアー客は途中の名物駅、北浜で降りて再び観光バスに乗るか、北浜まで観光バスで来て網走まで乗るかである。ツアー客は1~3号車の自由席を利用する。北浜から乗ると流氷がよく見えるが、知床斜里からは防風砂丘のためにあまり見えない。

網走で折り返すと列車は1号となり、知床斜里に向かう。こちらも自由席は北浜で乗降するツアー客のために満員だし、北浜での乗降に時間がかかるために停車時間が長い。1号は定期普通列車代行ともなっているので、臨時駅の原生花園《げんせいかえん》以外の各駅に停車し、知床斜里で運転区間を知床斜里―緑間に縮小した普通に接続する。

すぐに折り返して4号となる。これは網走で特急「オホーツク」6号と、その後の不定期の「流氷特急オホーツクの風」号に連絡する。流氷特急には2階建て展望車が連結されている。キハ183系をリゾート車両に改造したもので、130キロ運転が可能である。

これに乗って札幌に戻るのもいいが、上野行の「北斗星」4号には20分の差で接続できない。間に合わせるためには、やや車内設備が陳腐《ちんぷ》化した「オホーツク」6号に乗る必要がある。ただし、北見から池田まで行く北海道ちほく高原鉄道ふるさと銀河線を高速化し、根室《ねむろ》線、石勝《せきしょう》線経由で行けるようにすれば、南千歳《みなみちとせ》で「北斗星」4号に間に合うはずである。

各線のダイヤ構成見直しや、銀河線での信号方式によるダイヤ構成の制約、車両重量による速度制限など、考えなければならないことは多いが、実現すれば、定員250人に対して平均6割の利用があるとして、往復で300人が銀河線を通過することになる。通年運転にしたとすれば銀河線の輸送密度は、現在290人程度のところが300人上がって590人になる。存廃《そんぱい》ラインは500人といわれているから、これで存廃ラインを超えることができるし、特急券収入も入ってくる。銀河線沿線から「北斗星」や新千歳空港の利用客を呼びこむこともでき、利用率はさらに高まるはずである。銀河線を救うには網走—南千歳—札幌間を直通特急運転することである。できれば高速化すると、札幌—網走間は石北《せきほく》線経由よりも速くなって、さらに乗客が増えることになる。地元はこの案を民間活力による再生案とともに北海道庁に提示したが、初めに廃止ありきで、道庁は大して検討もせずに一蹴《いっしゅう》した。地元の熱意によって廃止の結論こそ出なかったが、北海道ちほく高原鉄道の大株主である道庁などの圧力により、同社の取締役会と、その後の株主総会で廃業が決定された。残念でならないが、逆に民間による池北《ちほく》線の経営引き継ぎがしやすくなり、今後の民営化の動きが始まっている。

●車両には懐《なつ》かしのストーブが

「流氷ノロッコ」号は客車5両とDE10形ディーゼル機関車1両からなる6両編成で、網走寄りに機関車、次に1号車から順に5号車までである。5号車知床斜里寄りに運転席があり、知床斜里へ向かう場合は機関車が客車を後ろから押す推進運転で走る。1～3号車が自由席、4～5号車が指定席。50系客車を改造したもので、2～5号車は内装化粧板などを取り外してトロッコ風にしてあり、窓は透明ポリカーボネート製で、ワイヤーと滑車《かっしゃ》で開閉する。座席は山側に横3人掛けの6人ボックスシート、海側は窓側か通路側に向いて座れるようにした転換クロスシート（背もたれを移動させると座席の向きが変わる座席）になっている。

「流氷ノロッコ」号の２～５号車内。
石炭だるまストーブでスルメも焼ける

１号車の車内は、
普通車とそれほど雰囲気が変わらない

2～5号車には通常の暖房設備はなく、石炭だるまストーブが端部に設置されているだけで、しかも窓が密閉されていないから、ストーブから遠い座席は寒い。とはいえ、コートを脱がずに流氷を見るのも乙《おつ》である。また、ストーブではスルメを焼ける。持ち込みも可であり、車内で販売もしている。

1号車はあまり改造せずに連結されており、通常の暖房装置もあって、窓も2重ガラスになっている。寒がりはこの車両に乗ればいいが、これでは普通列車と同じ雰囲気でつまらないし、ツアー客でいっぱいになる車内だから、寒いからといって他車からは移動しにくい。

●「SL冬の湿原」号

標茶行の「SL冬の湿原」号は札幌発7時4分の「スーパーおおぞら」1号に接続している。このため札幌からの親子連れなども多い。

ただし、本州からの「カシオペア」や「北斗星」には南千歳で接続できない。前日の夕方に首都圏から乗るのであれば、東北新幹線で八戸《はちのへ》まで「はやて」25号(東京発17時56分)、八戸から「つがる」25号、そして青森で「はまなす」を利用することだ。「はまなす」は札幌に6時7分に到着するから、1時間ほど待って「スーパー北斗」1号に乗ればいい。

切符はJR北海道線の指定席乗り放題の「ぐるり北海道フリーきっぷ」を使用すれば、南千歳—札幌間の重複乗車は別途に運賃などを払わなくて済み、全車指定席の「SL冬の湿原」号も指定席料金を払わずに乗れる。

しかし、JR北海道線に入るまでは新幹線と寝台列車の乗り継ぎ利用はできないし、寝台車利

緩急車では地元のネイチャーガイドの話が聞ける

用は別途に特急料金か急行料金が、それに寝台を利用するなら寝台料金も必要である。「はまなす」は急行だから、札幌までの急行料金１２６０円と寝台料金６３００円が必要になる。

ただ、「はまなす」にはリクライニングシートのドリームカーや、ごろ寝ができるカーペットカーがあり、これは指定席なので別途料金は不要だ。また、「フルムーン夫婦グリーンパス」もB寝台が利用できるので問題はない。

標茶からの帰りは釧路で1時間ほど待てば「スーパーおおぞら」10号に連絡、10号は南千歳で「北斗星」4号に連絡している。

さて、「ＳＬ冬の湿原」号も団体ツアー客の利用がある。釧路—塘路《とうろ》間の利用もあるが、全区間乗車も多い。

車両は、夏は留萌《るもい》線で「ＳＬすずらん」号として走るC11171号と、14系客車4両、カフェコーナーがある旧形客車改造のスハシ441号、さらに緩急車《かんきゅう》（車掌車）を釧路寄りに連結する7両編成で、車掌車では釧路湿原を熟知しているネイチャーガイドが湿原の案内をしてくれる。座席はスハシ441号を除いてテーブル付きのボックスシートになっている。元が回転式クロスシートだったのでボックスは広い。スハシ441号の座席は狭くて評判が悪いが、逆に旧形客車なので喜ぶ人も多い。

釧路には機関車の向きを変える転車台があるが、標茶にはないので、釧路行の列車では機関車が逆向きになって走る。しかし、ときどき釧路行で機関車が正面方向になって走るときもある。

有名な大井川鐵道《おおいがわてつどう》のSL（76ページ参照）では、煙があまり出ないベトナムのホンゲイ炭が使われている。付近の住民や茶畑への配慮をしたのと、大井川鐵道は電化されており、汽車の煙で架線が傷《いた》むからである。「SL冬の湿原」号は日本で唯一、採掘している釧路炭を使っている。このため煙がもくもくと出て、これぞ蒸気機関車だといえよう。

飛来しているタンチョウヅルにはさぞ迷惑と思われようが、慣れているせいか、まったく気にもしていない様子である。しかし、生息地には「タンチョウヅルはSL（の煙）が嫌いです」という看板がある。本当のところはどう思っているのか、ツルに聞いてみたいところである。

第三章　3月——試作30年!!　磁気浮上式鉄道「リニモ」への道

ＪＲの定期ダイヤ改正

毎年3月はＪＲのダイヤが定期的に改正される月であるが、国鉄時代はそれが10月だった。鉄道記念日が10月にあったこと、年度の中間時期に改正したほうがいいこと、冬の帰省《きせい》列車に対応するため、その2ヵ月前に改正したほうがよかったことなどの理由からである。過去には東海道新幹線の開業による大改正や、〝ヨンサントウ〟と呼ばれる昭和43年（1968年）10月のダイヤ大改正があったりした。

その後、国鉄の分割民営化が昭和62年4月に行われたのに併せて3月に改正（大改正は前年の11月）が行われ、翌年の63年3月には青函《せいかん》トンネルと瀬戸大橋の完成に伴う大改正もあって、ＪＲになってからは3月に大幅にダイヤが改正されることが多くなったのだ。

もちろん10月にも改正されることがあるし、近年は11月や12月に改正されることもあるが、それはＪＲ各社のうち数社だけで、オールＪＲとしての改正はほぼ3月に行われるようになった。

2005年3月の改正は1日に行われた。この改正は珍《めずら》しく小規模だった。東海道・山陽新幹線で「のぞみ」を増発し、東京―新大阪間では平日の朝夕には1時間に8本運転する時間帯を増やし、東京―岡山間ではおおむね20分毎《ごと》に運転するようになった。また、広島発東京行もおおむね30分毎になり、姫路、福山、新山口に停車する「のぞみ」も増えた。しかし、「フルムーン夫婦グリーンパス」などは利用が制限されたままで「ひかり」しか乗れないのに、その救済はなかった。これらの切符でも「のぞみ」に乗れるようにすべきである。

マスコミに一番報道されたのは、九州ブルートレインの「あさかぜ」と「さくら」の廃止である。かつて、ニーズに合わせたいろいろなパターンの個室寝台などを多用した新しい車両を造って利用を喚起しようとしたのだが、あるJRの幹部（というより元幹部）一人の強硬《きようこう》な寝台列車不要論によって阻止されてしまい、カーテン一枚で仕切るだけの旧態依然な開放寝台主体の編成のまま走らせていたので、廃止されてしまったのである。国鉄時代から連綿《れんめん》と続く時代遅れな守りの姿勢はやめて、積極姿勢で事を進めてもらいたいものである。

他には、JR東日本が所有していた旧形車両による「はくたか」の運転がなくなり、北越急行が発注した新形車両に替えられ、すべての「はくたか」は時速160キロ運転が可能になった。

JR東日本は常磐線《じようばん》の「フレッシュひたち」を増結し、停車駅が同じだった常磐線の快速と普通列車（各停電車ではない）をすべて快速に統一、JR東海では愛知万博のアクセス列車として中央線から愛知環状鉄道の万博八草《ばんぱくやくさ》へ直通する快速「エキスポシャトル」を運転。JR西日本では新快速の姫路―播州赤穂《ばんしゆうあこう》へのデータイムに1時間毎に直通運転を開始、JR四国とJR九州では一部の特急を増発したのみである。

今後、大きな改正があるとすれば整備新幹線の開業だが、近々その予定はない。

10日…山陽新幹線の全線開通

山陽新幹線の新大阪―岡山間が開業（岡山開業）したのが昭和47年（1972年）3月15日、岡山―博多間が開業（博多開業）して全通したのが50年3月10日である。2005年3月10日は山陽新幹線全通30周年にあたる。

そこで山陽新幹線に「0系ひかり」が記念列車として走った。久しぶりの「ひかり」として走る0系である。下りは345号、つまり懐《なつ》かしの〝さんよんごう〟。ただし当時の16両編成ではなく、現在「こだま」用として使われている6両編成が使用されたのは、やや興ざめであった。

岡山開業時には食堂車が初めて連結された（105ページ参照）。筆者はこの年の夏休みに食堂車の皿洗いのアルバイト、通称〝パンセさん〟をした。当時、食堂車の調理は電子レンジで〝チン〟するだけだからまずいといわれていたが、それはウソ、きちんとレンジで調理していた。ただ、防火対策でガスレンジが使えず電気レンジを使っていたことから、電子レンジを使っていると間違えられたのだろう。電子レンジを使っていたのは、隣に連結されていたビュッフェ車である。

筆者は博多開業の頃、まだ入社していなかった鉄道雑誌P誌から依頼されて、開業前の博多開業区間の写真を撮りに行った。

当時は小田急線の百合ケ丘《ゆりがおか》近くに住んでいたので、百合ケ丘から小田原《おだわら》に出て新幹線に乗るのが慣わしだった。まだ新横浜に「ひかり」が停車しておらず、小田原から「こだま」に乗るほうが速かったのである。名古屋で「ひかり」に乗り継いで新大阪に向かい、大阪で私鉄を乗り回してから、夜行急行「日南《にちなん》」3号に乗った。

もう小田原から乗ることはなくなったが、大阪に新幹線で行き、大阪の電車を乗り回してから夜行列車に乗るというパターンは今でもやっている。筆者に進歩がないこともあるが、東京からずっと夜行に乗るのは効率が悪く、大阪までは新幹線がいいということもある。これをやめるのは、山陽新幹線と九州新幹線がつながって時速360キロ運転が開始されたときであろう。

さて、「日南」3号で取ったのは一ツ星の客車3段B寝台である（二ツ星は電車3段寝台、三ツ星は客車2段B寝台で、かつては三ツ星に乗るのにあこがれたものだったが、今では三ツ星も陳腐《ちんぷ》になった）。一ツ星寝台の上段に乗り、小郡《おごおり》に未明の5時54分に到着後、椹野《ふしの》川を渡って山すそまで歩いて夜明けを待ち、そこから新幹線小郡駅の全容を撮影。食堂車付きの特急「はと」には乗らず、急行「玄海《げんかい》」1号で徳山へ、そして急行「山陽」6号で広島に行き、広島電留線や広島駅、そして夕方に太田川近くの山の上で夕暮れを突っ走る新幹線電車を撮影した。これらはP誌1975年4月号のグラフに掲載されている。

帰りは三ツ星寝台にしようとしたが、「彗星《すいせい》」1号しかなく、これは広島を通過するので、しかたなく当時20系から24系に入れ替わった一ツ星の特急「あさかぜ」で戻った。このとき、初めて「あさかぜ」に乗った。九州ブルートレインが三ツ星になったのは昭和51年からである。

10日…箕面有馬電気軌道《みのおありま》の開業

現在の阪急宝塚《たからづか》線と箕面線は、明治43年（1910年）3月10日に箕面有馬電気軌道として開業した。

大阪梅田から宝塚と箕面への電気鉄道を建設しようとしたのは、国鉄に対抗するためだった。まず大阪と舞鶴《まいづる》を結ぶ目的で、阪鶴《はんかく》鉄道が現在の福知山《ふくちやま》線を開通させた。しかし、鉄道国有化法によって国に買収されたので、元の阪鶴鉄道の大株主や重役らは、買収後に起こった電気鉄道ブームにあやかろうと箕面有馬電気軌道を発起し、梅田から宝塚を経て有馬までと、その途中で分岐して箕面まで、さらに宝塚―西宮《にしのみや》間、梅田―野江《のえ》間の特許（軌道敷設《ふせつ》の認可）を明治39年12月に取得した。明治40年10月には会社を設立、43年3月に梅田―宝塚・箕面間が開通した。

しかし、会社の設立前から、この電気軌道は危ぶまれていた。沿線に大した人口集積地がなく、利用されないと考えられて、資本が集まらなかったのである。

阪鶴鉄道の監査役だった小林一三《こばやしいちぞう》は当初、箕面有馬電気軌道に手を貸すつもりはなかったが、資本が集まらずに会社設立が難しくなり、せっかく取得した特許を放棄《ほうき》するのはもったいないということで、経営に参画《さんかく》することにした。

小林は「単に電車を走らせ、余力で電力供給事業を行うだけではやっていけない。沿線を住宅開発することで利益を上げ、乗客も増やす」という方策を『最も有望なる電車』というパンフレットにまとめ、各方面に配布した。箕面有馬電気軌道は住宅開発の他、宝塚新温泉と箕面公園への遊覧輸送も行う遊覧電鉄でもあると記して、資本を集めたのである。沿線の住宅開発や観光開発は現在では当たり前になったが、それを最初に実行したのは小林率いる箕面有馬電気軌道だった。同社はのちに百貨店の経営も始めている。

ただし、小林は山岳線で工事費がかさみ、あまり歓迎もされなかった有馬への延伸は放棄、京阪との連携に興味がなかったことから梅田―野江間も放棄した。小林は宝塚から西宮を経て神戸への路線を延伸することに興味を持った。西宮―神戸間は灘《なだ》循環電気軌道が特許を持っており、これと連絡すべく宝塚―西宮間を建設、新たに十三《じゅうそう》―門戸《もんど》間の路線も建設しようとしていた。

ところが、これには阪神電気鉄道が黙っていない。灘循環電気軌道をどちらが傘下《さんか》に収めるかの争奪戦が繰り広げられたが、結局は辣腕《らつわん》の小林の傘下となり、大正7年（1918年）2月に社名を阪神急行電鉄に改称、9年7月に神戸線が開通した。阪神とのしこりは残り、長らく反目状態だったが、阪神と阪急がともに神戸高速鉄道に乗り入れ、さらに国鉄がJRになって両電鉄の乗客を奪うようになってからは共同戦線を張って、反目はほとんどなくなった。

小林は電鉄経営の神様として君臨した。東急の五島慶太《ごとうけいた》は小林に電鉄経営の指南を受けたほどである。

阪神との合併話も昭和に入って出るようになった。これは結果的には実現しなかったものの、逆に昭和18年（1943年）10月、京阪と戦時統合で合併し、社名は京阪神急行電鉄と改称された。ただ、強制結婚みたいなものだったので、戦後に分離している。このとき、京阪が建設した高速路線の新京阪線は阪急京都線として京阪神急行電鉄に含まれることになった。

昭和48年には阪急電鉄と改称。すでに小林一三は亡くなっており、集団指導体制になっていた。その後、阪急東宝グループと称し、優良企業ではあるが、鉄道が本業であるとはいいがたい経営状態になってきた。そして国鉄分割民営化を迎えて、並行する東海道線や福知山線が改善され、高速の新快速や快速が走り出し、さらに大阪環状線のバイパスといえるJR東西線が開通したりしたために、阪急の乗客は大きく減少した。

やはり本業の鉄道をなおざりにしてはいけないということで、近年になって、京都線と神戸線の直通運転や、神戸線の大阪地下鉄四つ橋線と神戸地下鉄山手線への乗り入れなどの構想を公表している。

副業にいそしむのもいいが、それも鉄道本体あってのことであり、本体が揺らぐようでは鉄道会社は成り立っていかない。

これは副業に力を入れすぎているどこかのJRや、イベント的な副業で活性化させようとしている第三セクター鉄道への警告といえる。まず、鉄道本体の強化が必要なのである。

11日…東急の前身・目黒蒲田《かまた》電鉄

東急王国ができた発端は、目黒蒲田電鉄の開業である。同電鉄は現在の目蒲《めかま》線である目黒―丸子《まるこ》(現・沼部《ぬまべ》)間を、大正12年(1923年)3月11日に開業した。

この電鉄は、玉川電気鉄道(のちの東急玉川線渋谷―二子玉川《ふたこたまがわ》間)と国鉄東海道線の間にある住宅開発予定地の足とするのが目的だった。阪急の小林一三が電鉄の活性化のために住宅を開発したのと違って、住宅開発のほうが先に立っていたのである。

この付近の住宅開発のために渋沢栄一《しぶさわえいいち》らが田園《でんえん》都市株式会社を設立し、当初はその足として東海道線大井町《おおいまち》から調布村《ちょうふ》(現・田園調布)までの荏原《えばら》電気鉄道を大正9年1月に発起して3月に免許を取得、さらに大正10年2月、この路線の洗足《せんぞく》から分岐して目黒に至る支線の免許も得た。

このあたりには武蔵《むさし》電気鉄道も、明治40年(1907年)以来、路線免許を持っていた。しかし、まったく着工しなかったので、大正9年に鉄道院監督局総務課長だった五島慶太《こ》が請われて常務取締役に就任した。

このとき、田園都市株式会社は阪急の小林に相談し、小林は五島を田園都市株式会社の鉄道部門に引き込むようアドバイスした。田園都市株式会社は鉄道部門を目黒蒲田電鉄として分離、武蔵電気鉄道の多摩川―蒲田間の免許も譲受《じょうじゅ》して、五島が専務取締役に就任した。そして目黒―丸子間が開通、1ヵ月後には丸子―蒲田間も開通した。

その後、系列の武蔵電気鉄道と合併、東京横浜電鉄と改称、大正15年2月に丸子多摩川（現・多摩川）―神奈川間が開通、渋谷―桜木町《さくらぎちょう》間が全通したのは昭和7年（1932年）である。

五島は残った未開通線の現・大井町線を開通させ、東京横浜電鉄と目黒蒲田電鉄を合併して統一、さらに池上電気鉄道や玉川電気鉄道も合併するとともに、京浜電気鉄道、東京地下鉄道、江ノ島電気鉄道、神中《じんちゅう》鉄道（現・相模《さがみ》鉄道）、相模鉄道（現・JR相模線）、静岡電気鉄道などの株式を手中に収めて、〝強盗慶太〟と揶揄《やゆ》されるほど強引な手法でこれらを系列化していく。

小田原急行鉄道は帝都電鉄と合併して小田急電鉄と改称していたが、経営悪化で五島の助けを受けたことから、比較的友好的に系列化された。昭和17年5月に京浜と小田急を合併、東京横浜電鉄は東京急行電鉄に改称、さらに19年5月には京王電気軌道も吸収合併し、いわゆる〝大東急〟が誕生する。

終戦後、五島慶太は公職追放され、大東急のうち強制合併された元の京浜、小田急、京王のそれぞれの社員は「東急解体同盟」を結成した。五島がいれば阻止できたかもしれないが、公職追放されていたために、昭和23年6月にそれぞれが分離している。このとき、もともと小田急の所属だった帝都線は京王所属の井《い》の頭《かしら》線となり、社名は京王帝都電鉄となった。

東急は昭和17年当時の東京横浜電鉄程度の規模となった。なにやら敗戦によって日本が元のこぢんまりした領域に戻ったのと似ているが、拡大政策で苦労することもなくなり、逆に経済発展していったのと同様に、東急も発展していくことになる。

五島が追放を解かれ東急に戻ったのは昭和26年。本業の鉄道自体はこぢんまりしたものの、系列の多様な業種を整備して東急コンツェルンを形成し、多摩田園都市を開発するために溝《みぞ》ノ口《くち》―長津田《ながつた》間の田園都市線を昭和41年に開業させて、さらに発展していった。

現在は五島家の影響は少なく、〝オーナーは経理〟だといわれるようになった。阪急とやや異なって輸送力増強もしなくてはならないために、東横《とうよこ》線の田園調布―武蔵小杉間を複々線化して、線増線は目蒲線の目黒―田園調布間とつなぎ、目黒―武蔵小杉間を目黒線と称し、さらに武蔵小杉から日吉《ひよし》までを複々線化工事中である。

また、田園都市線の旧・新玉川線区間（渋谷―二子玉川間）の混雑緩和《かんわ》のために田園都市線の二子玉川―溝の口間も複々線化工事中で、完成すると大井町線の直通運転と、大井町線内での急行運転が予定されている。大井町で東京臨海高速鉄道りんかい線、大岡山《おおおかやま》で目黒線と連絡しているので、田園都市線の混雑緩和がなされるとともに、田園都市線沿線から都心や臨海新都心への新たなルートが生まれる。

さらに東横線は東京メトロ13号線と直通運転を予定、代官山《だいかんやま》―渋谷間は地下化され、東横線電

東急田園都市線を走る大井町行7200系

車は新宿三丁目や池袋、さらには東武東上線和光市《わこうし》や西武池袋線練馬《ねりま》まで直通することになる。また武蔵小杉からさらに大倉山《おおくらやま》まで複々線化し、ここから新横浜を経て二俣川《ふたまたがわ》まで行く新線や、田園都市線の溝の口—鷺沼《さぎぬま》間の複々線化と、東急蒲田の地下化で、東海道線をくぐって京急蒲田を経て大鳥居《おおとりい》まで向かう新線計画もある。

ただし、大鳥居への新線は東急が直接建設運営をせず、ただ乗り入れるだけと思われるが、それでも西武線や東上線、池袋、新宿、渋谷から羽田空港への短絡《たんらく》アクセスルートができる。

しかし、これだけ鉄道整備に資金を投入すると、東急といえども体力が持つか危惧《きぐ》されている面もある。そのため、最近の新車は製造コストを非常に落とした安っぽいものになってい大井町線関連の整備が完成しないので、つなぎとして通常4扉のところを6扉にした車両も登場したが、これも安物電車である。この点は阪急と大違いだ。

田園都市線は現在でも乗客が増えている。首都圏の鉄道でも乗客の増加の度合いが少なくなってきたり、減少しているところもあるのに、田園都市線はまだ増加しているのである。にもかかわらず、こんな車両を造っているというところが、〃オーナーは経理である〃という証明になっているし、こんな車両に乗るのは嫌《いや》と思っても乗らざるをえないというのが、競合路線が存在しない田園都市線沿線住民の悲劇である。

東急東横線はＪＲの湘南《しようなん》新宿ラインと競合状態にある。湘南新宿ラインが整備される前に先手を打って特急を走らせたが、運転頻度《ひんど》は東急に分《ぶ》があっても、スピードではＪＲが勝っている。ＪＲの車両も東急とほとんど同じ粗末《そまつ》な車両である。これに対抗するには関西地区で使用されている快適な通勤電車を投入する必要があろう。

経理がオーナーであればこそ、乗客を多数確保して収益を上げる工夫が欲しいのである。

14日…東北新幹線の上野開業

東北新幹線の大宮―盛岡間は昭和57年（１９８２年）６月23日に開業したが、東京都心部には達しておらず、上野―大宮間に新幹線リレー号を走らせて連絡させた。要するに暫定《ざんてい》開業であ

東北新幹線レール締結式

る。上野―盛岡間の開通は昭和60年3月14日、東京までの開通は平成3年（1991年）6月20日であった。大宮―盛岡間の路盤が完成し、レール締結《ていけつ》式が行われたときに筆者は取材で参加している。ようやく北へ新幹線のレールが延びたのを見て感無量だった。

筆者が初めて東北新幹線に乗ったのは開業から1年後のことである。乗車区間は大宮―郡山《こおりやま》間だった。このときは鉄道関係の雑誌などの記者をやめてベンチャー企業の技術開発部門におり、郡山で開催された見本市で説明役を命じられたために乗ったのである。当然、速達タイプの「やまびこ」を選んだ。東海道新幹線よりも揺れなかったこと、防音壁で景色が見えにくかったことなどの印象が残っている。

次に乗ったのは、上野―大宮間も開業した昭和60年4月のことである。上野―盛岡間に乗ったが、上野開業と同時に時速240キロ運転を開始していたので、上野―盛岡間は2時間45分で結ばれた。誰とはなしに最速「やまびこ」のことを〝スーパーやまびこ〟、あるいは単に〝スーパー〟と呼ぶようになった。

〝スーパー〟は上野―仙台間を1時間53分で結んだ。2時間を切ると対空路との利用率争いは圧倒的に有利になる。このため羽田空港―仙台空港間の空路は廃止された。

筆者は盛岡でレンタカーを借りて、いろいろと回った。このとき印象に残ったのが、東北線厨川《くりやがわ》駅の先で東北新幹線の高架橋がむなしく切れている風景だった。

これがいつになれば延伸されることになるのか、当時は想定できない時代だった。その後、新幹線延伸についての本を書いたとき、ここの写真を掲載した。あるとき、丸ノ内線の国会議事堂前駅の広告看板に、同じ位置から写された写真と「東北新幹線早期延伸」の文字が使われた青森県による広告を見て、同じ思いをする人もいるのだと感じたものである。

平成14年12月にようやく八戸《はちのへ》延長開業となり、途切れていた高架橋の先にも高架橋がつながった。しかし、よく見てみると、ずっと放置されていた高架橋は黒ずんでおり、新しい白い高架橋との境ははっきりとわかる。

八戸延長線を着工するときに、赤字の整備新幹線を造ってどうするという非難があったが、それは当たらなかった。ほとんどの八戸発着の「はやて」は満席に近い盛況である。首都圏からの乗客も多いが、途中の盛岡や仙台からの乗客も多く、席が空かないのである。

現在は新青森まで工事中で、新青森開業時には時速３６０キロ運転を行い、東京—青森間を2時間50分で結ぶとしている。同区間の空路は一番短くても3時間10分、ややもすると3時間半以上になる。新幹線がこの所要時間なら、空路とのシェアは60％くらいにはなる。途中の仙台や盛岡からの乗客の需要も大きい。つまり、新青森まで開業しても赤字になるとはいえないのだ。

将来、北海道新幹線ができて３６０キロ運転を行い、しかもノンストップ運転にすれば、東京—札幌間は3時間40分台になるとされる。東京—大宮間や仙台付近、盛岡付近などではカーブがきつく、速度を落とすが、最新のデジタルＡＴＣ（Automatic Train Control：自動列車制御装置）では限界速度ぎりぎりで走れる。それに車体傾斜をするからカーブ通過速度はさらに速い。通過する仙台や盛岡、新青森、新函館《しんはこだて》にも安全柵《さく》を設置すれば、かなりの高速で通過できる。

これらを考慮すれば3時間20分台も可能だ。そうなると対空路シェア80％くらいまでもっていける。そこまでスピードアップしないまでも、新函館—札幌間などの区間利用客は新幹線を利用するようになり、空路そのものが不要になる。札幌まで造っても赤字にはならないのである。

問題は並行在来線の赤字である。これについては在来線と新幹線を行き来できるフリーゲージトレインで直通させたりすればいいし、函館—木古内《きこない》間を標準軌化すれば、秋田新幹線電車用として同時に登場する３６０キロ運転のミニ新幹線電車によって、東京—函館間の電車を走らせることができる。新函館―函館間は20分程度、乗り換えの時間を加えると30分かかる。そうであれば、木古内からミニ新幹線電車を並行在来線の江差《えさし》線に走らせれば40分だし、江差線の赤字幅は縮小される。さらに函館からスイッチバックで大沼まで走ってもいい。

並行在来線を単に切り離すのではなく、フリーゲージトレインやミニ新幹線によって直通させれば、現在特急が停車しているのに新幹線ができると停まらなくなって不便になるような駅でも、新幹線の恩恵を受けることができる。

九州新幹線の並行在来線となった「ひさつオレンジ鉄道」では、新水俣《みなまた》や出水《いずみ》、川内《せんだい》で新幹線との接続をまったく考えていない。これでは利用されないのは当たり前なのである。

13日…青函《せいかん》トンネルの開業

青函トンネルを通過する津軽《つがる》海峡線が開業したのは、昭和63年（1988年）3月13日のことである。もっとも津軽海峡線というのは正式路線名称ではない。中小国《なかおぐに》―木古内間の海峡線と、その両端の津軽線青森―中小国間、江差線木古内―函館間を電化して特急電車が走れるようにした、3線3区間を指して一般にいうのが津軽海峡線である。

同様に、海峡トンネルと青函トンネルも異なる。青函トンネルは海峡トンネルと第1湯の里トンネル、その間にあるコモナイ川橋梁《きょうりょう》をシェルターで覆《おお》った53・9キロのことをいう。海峡ト

青函トンネル。吉岡海底駅にて

ンネルは52・7キロ、第1湯の里トンネルは1・2キロ、コモナイ川橋梁は非常に短い。

筆者が初めて青函トンネルをくぐったのは開業して1年後くらいの頃である。札幌で地下鉄の乗車人員が減少したために「地下鉄に乗ってください」とアピールするNHK札幌の特別番組に出演するためだった。このときは「北斗星」1号の三ツ星に乗り、帰りは札幌発8時1分の「北斗」で函館へ、函館から「はつかり」、盛岡から新幹線と乗り継ぎ、東京には19時40分に到着、11時間39分かかった。

その後、行きは「北斗星」、帰りは各昼行列車の乗り継ぎ、あるいはその逆のパターンで、北海道へ何度も行き来した。飛行機も利用したが、飛行機は狭い。また、最寄り駅が中央線の列車区間の四方津《しおつ》駅なので羽田まで行くのが面倒であるため、大宮で乗り降りができる「ぐるり北海道フリーきっぷ」を使えば飛空機よりも安くつくことが多い。

「北斗」は「スーパー北斗」になりスピードアップし、次に五稜郭《ごりょうかく》での「スーパー北斗」と「はつかり」との乗り換え時間が5分程度に縮められてさらに速くなった（しかし、これはあまり利用されず、現在は函館接続になっている）。その後、「はつかり」が津軽海峡線で時速１４０キロ運転をするようになり、ちょっぴりスピードアップした。

新幹線八戸延長開業と「スーパー白鳥」の設定で、東京―札幌間は最速9時間46分で結ばれるようになった。とはいえ10時間弱かかるのでは、よほどの暇人《ひまじん》か鉄道好き以外は乗らない。「スーパー北斗」や「スーパー白鳥」は速いが、現在の昼行乗り継ぎでは必ず1回は遅い列車（盛岡―八戸間各停の「はやて」あるいは「白鳥」「北斗」）に乗るようになっている。

すべてを最速列車乗り継ぎにして五稜郭で乗り換えができるようにすると、8時間35分になる。まだ時間はかかるが、東京発6時56分の「はやて」でこの所要時間で行くと、15時35分に札幌に到着する。これなら当日の札幌観光ができる。

その次の大幅なスピードアップはおそらく、新青森を通り越して新函館まで、東北・北海道の二つの新幹線が同時開業する２０１０年頃で、そのときには6時間30分を切っているものと思われる。こうなると、暇人でなくても利用しやすくなるだろう。

6日…磁気浮上式鉄道「リニモ」

平成17年（2005年）3月6日、名古屋郊外の藤が丘から愛知環状鉄道の万博八草《ばんぱくやくさ》（万博終了後は元の八草に戻る）まで、東部丘陵《きゅうりょう》線、愛称「リニモ」が開通した。名古屋の築港《ちっこう》線に沿って造られた大江《おおえ》実験線で走行試験を繰り返し実用化に至った、常電導吸引型磁気浮上リニアインダクション駆動方式を採用したリニアモーターカーで、営業運転では世界初の浮上式鉄道だ。上海《シャンハイ》でドイツ方式の吸引型磁気浮上鉄道が営業運転と称して走っているが、これはあくまで料金をとって試乗させているだけである。

1992年の運輸政策審議会答申12号で出された、名古屋地区における高速鉄道網などの整備計画ですでに、藤が丘―八草間は「東部丘陵線として平成20年までに整備することが適当である路線」として取り上げられている。路線規格としては中量軌道系で行うとしている。それ以上のことは書かれていないが、すでにHSST（High Speed Surface Transport）方式、つまり常電導吸引型磁気浮上リニアインダクション駆動方式とすることは決まっていた。

この答申では地下鉄桜通《さくらどおり》線の桜本町《さくらほんまち》から、名城《めいじょう》線の名古屋港を経て名古屋臨海高速鉄道西名古屋港線、愛称あおなみ線の稲永《いなえい》までの南部線にも採用を予定しており、その路線に含まれる築港付近に試験線が敷設された。しかし、南部線は「今後整備について検討すべき区間」とのみさ

愛知万博に併せて導入された「リニモ」

れているだけで、いつ開通するかは未定だ。

吸引型磁気浮上方式はドイツで考えられ、日本では日本航空が開発したもので、HSSTと称した。開発目的は空港と都心部を高速で結ぶことで、巡航《じゅんこう》速度時速300キロ、加速度0・1G（3・5km/h/sec）、推進方式リニアインダクションモーター、車体長先頭車21・8メートル、中間車18・2メートル、車体幅3・8メートル、定員先頭車112人、中間車120人（横3&3列のボックスシート）とした。

とりあえず小形モデルで走行実験するために、横浜市金沢区の日本航空実験場に189メートルの試験線を建設、車体長4メートル、幅1・8メートルの2人乗りのHSST01号を造り、昭和51年（1976年）に浮上高10〜20ミリ、最高速度40キロで試験走行を開始した。

筆者はこの試験走行のお披露目《ひろめ》のときに見に行った。音をほとんど発することなく走行するのを見て、未来の乗り物としての予感がしたが、当時の運輸省は「飛行機屋が地上の乗り物を開発するのはけしからん」として冷ややかであったのを思い出す。

その後、なんとか運輸省のお墨付きをもらって、平成元年に名古屋市南区に大江実験線を設置、本格的な鉄道車体の試作車2編成で試験を行い、時速100キロ程度であれば安全性と信頼性に問題はないという結論を得た。そして東部丘陵線の整備が決定、ここにHSSTを走らせることにしたのだが、この頃には日本航空はHSSTから手を引いていた。

平成11年に磁気浮上システムを東部丘陵線へ導入することが正式に決定、12年に愛知県などが経営主体である愛知高速交通が設立され、13年10月に軌道特許を取得。14年3月に着工、11月に営業用プロトモデルの01編成の3両1編成を大江実験線にて試験開始、そして平成17年3月6日、ついに開業したという次第だ。

開業3日目に「リニモ」に乗ってみた。名古屋から地下鉄東山線で藤が丘に向かい、高架の東山線藤が丘駅から、地下の「リニモ」の藤が丘駅に乗り換えたのだが、藤が丘からそのまま東山線を延長するほうが楽に決まっている。なにもリニアモーターカーにする必然性はなかったし、愛知万博の主要アクセス機関なので、藤が丘では乗り換え客が集中して混乱するのは目に見えていたのだが、結局、そのとおりになった。

ともあれ、「リニモ」に乗り込む。初乗りの人で混雑していたが、浮上しているので車輪とレールとの間に起こる転動音がなく、さすがに静かである。リニアインダクションモーターとVVVFインバーター制御のおかげで、加速度4・0と非常に加速がよく、最高速度も100キロを出す。浮上モジュールはムカデの足のように1両につき10台も必要であるが、一つのモジュールが故障しても他のモジュールによって浮上できるし、全モジュールが故障してもローラーによって非常走行が可能である。弱点は、吸引式なのでレールとモジュールが離れれば離れるほど浮上力が弱まることだ。

終点万博八草で下車、ここで愛知環状鉄道と連絡する。乗降口を分けたとはいえ混乱すると予想されたが、これもそのとおりの有り様になっている。万博八草―万博会場間や藤が丘―万博会場間の区間運転はあるが、通し運転もあるので最短5分間隔でしか走らない。しかも3両編成である。3両編成では万博開催中は輸送力不足であり、事実これが問題になっている。「リニモ」が本当に評価されるのは万博終了後だが、万博時に評判を落とし、その後も万博八草での乗り換えはともかく、藤が丘での乗り換えが面倒だと、利用者離れの大きな要因になる。「リニモ」は藤が丘からほぼノンストップで、しかも200キロくらいのスピードで、栄《さかえ》まで延伸して直結するのがいいといえる。「リニモ」の特徴はスピードと低騒音、そして通常の鉄道よりも建設費が安い点にあるのだから、東山線のバイパス線にするのがいいのである。

中部空港線に初乗車

中部国際空港（セントレア空港）のアクセス線である中部空港線が、２００５年１月29日に開業した。

新規路線は開業日から数日は初乗りを楽しむ人が多くてゆったりと乗れないので、筆者は通常、早くても少し落ち着いてくる１ヵ月後くらいに初乗りに行くことにしている。中部国際空港そのものは２月17日が開港日だったが、３月６日なら先に紹介した「リニモ」のほうに向かう人が多いために、それほど混雑しないだろうと予想して、この日に中部空港線の初乗りを試みた。

名古屋には９時15分に到着した。名鉄新名古屋の特急指定席発行窓口に行き、２０００系ミュースカイを使用した９時32分発快速特急の指定席を取ろうとしたが満席、しかたなしに金山《かなやま》始発の９時39分発特急を選んだ。この特急は名鉄本線特急と同じ１０００系だと思った。１０００系は特別車両μ《ミュー》シート（指定席車）２両と一般席車４両を連結している、残念だがまあそれでもいいかと考えながら金山に着いたところ、待っていたのは空港線開業のために用意された２２００系という新車だった。

とりあえずμシートと一般席車の座席の座り心地を試してから、指定席車の運転席後部に陣取った。たとえ立席であろうとμシート料金は必要だが、他に立ってここに乗ろうという人もおら

中部空港駅に停車中の2000系（右）と2200系（左）

ず、ゆったりと前方眺望などを楽しめる。

２２００系には車体傾斜装置がないので、カーブは通常の通過速度で走る。さらに、停車駅が多く時間がかかる。以前なら急行といっていいくらい停車駅が多い。

中部国際空港をひとしきり見てから、新名古屋に戻った。帰りは２０００系による快速特急、神宮前《じんぐうまえ》までノンストップである。行きが満席だったのは3両編成であり、午前中に空港へ向かう利用者が多かったためだった。3両編成では輸送力不足である。すべて6両編成にする必要があるといえよう。

帰りの快速特急は6両編成で、乗る人も少なくガラガラの状態、しかし、指定席はある車両に集中するため、一部車両だけ満席に近い状態になっていた。名鉄のμシートをよく利用する人は、このようなときには空いている車両に移る。筆者もそうしたが、他の人はほとんど移動していなかった。要するに、まだ常連客は少ないのである。

2000系は車体傾斜装置付きで、カーブで5～15キロ速く走る。傾斜角度は2度、空気バネの空気圧力を上げたり下げたりして車体を傾斜させる。この車両は貫通路に窓がないため、運転席後部から正面眺望を得ることができない。外を見たい人のために車内デッキ側にモニター装置があって、正面眺望と速度を映してくれるのだが、ほとんどの時間は中部国際空港の案内や愛知万博のCMに終始していた。

このため、正面が見えにくい運転席後部のデッキから車体傾斜を確認したが、2度ではそれほど傾いていることはわからない。同様な装置を持っているJR北海道の「スーパー宗谷」もそうだった。ただし、わからないということは傾斜による揺れを感じないということでもある。振り子車両では5～6度傾くので、カーブにさしかかると傾いているのがわかるし、振り子方式は床面を左右に移動させて傾けるので、立っていると足元をすくわれてふらつくが、空気バネ方式では単純に床の片面を上げ下げするので足元がすくわれることはない。

名古屋までの間に神宮前、金山と停車する。空港—新名古屋間は28分、表定速度は84・2キロとやや遅いが、それまでの新名古屋—常滑《とこなめ》間の特急の表定速度は72・6キロだったので、10キロ以上速くなっている。

第四章　4月——年度初め、鉄道史を学ぶ月だ!!

初春の大井《おおい》川鐵道《がわてつどう》を楽しむ

大井川鐵道は蒸気機関車で有名だが、その終点、千頭《せんず》からは井川線が走っている。

井川線はダム資材を運ぶ鉄道として開通したもので、レールの幅はJRと同じ狭軌だが、トンネルが小さいために車両も小さい。

近年、長島ダムができて線路を付け替えることになり、日本で唯一のアプト式鉄道が誕生、90‰《パーミル》（1000メートルにつき90メートルの高低差）の勾配《こうばい》を上り下りするようになった。

大井川本線で蒸気機関車に牽引《けんいん》される客車はオリジナルの旧形客車で、冷房がない。トンネルに入るときは窓を閉めないと鼻の穴や顔が煙の煤《すす》で真っ黒になるので夏場は大変であり、冬の井川線はそれはそれで風情《ふぜい》があるものの、寒

千頭に到着したSL急行

い。大井川鐵道を訪れるなら春か秋がいい。

ただ、蒸気機関車といっても無煙炭のホンゲイ炭を使用している。沿線からの苦情や、架線に煙がつきにくいこと、トンネルで窓を閉める習慣がもう忘れ去られていることからである。

千頭には手頃な旅館があるし、駅では保存されているいろいろな車両を見ることができる。

井川線の列車は千頭側に機関車が連結される。このため井川行は推進運転なので、一番前の車両に乗ると前面眺望が楽しめる。

以前は機関車を付け替えていたが、アプト区間で最後尾にアプト式電気機関車を連結することもあって、常時、千頭側に連結されるようになった。これは千頭側がほぼ全区間で坂の下にあり、とくにアプト区間のような急坂では、ブレーキが利く機関車が下側で踏ん張っているほ

SL急行に牽引される旧形客車。
冷房はなく、トンネルに入る前は窓を閉めなければならない

アプト区間を走る井川線列車

うが安全だからである。

4月には桜も咲き乱れている。奥大井《おくおおい》湖上《こじょう》駅はダム湖の上にあり、レインボーブリッジと呼ばれる鉄道橋には並行して歩道が設けられている。湖面から一段上がったところにレイクコテージがあり、そこからの景色が最高なので、ここで持参の昼食をとることをお勧めする。

11日…鉄道敷設《ふせつ》法が公布

人により評価が分かれる鉄道敷設法が、大正11年（1922年）4月11日に法律第37号として公布された。当初の鉄道敷設法は明治25年（1892年）6月21日に法律第4号として公布されているので、こちらは改正鉄道敷設法とも呼ばれている。

明治の鉄道敷設法が公布された頃、鉄道線路はまだほとんど建設されておらず、取り上げられたのは全国の幹線建設だった。中央線、北陸線、北越線（新潟から直江津《なおえつ》・前橋・豊野《とよの》のいずれか）、奥羽《おうう》線、総武・常磐《じょうばん》線、近畿線（関西線）、山陽線、山陰線、四国線（予讃《よさん》・土讃《どさん》、高徳《こうとく》の各線）、九州線（長崎線・鹿児島線・日豊《にっぽう》線など）の建設である。北海道については北海道鉄道敷設法が明治29年5月に公布されている。

最初の鉄道敷設法により、官設、私設双方の下でこれらの路線が建設されたのち、明治39年3月に鉄道国有法が公布されて、私設鉄道は国有化された。

国有化後も、幹線が通らない地方における、国による鉄道敷設の要望は大きかった。今風にいうと、「鉄道が通ればその地方が活性化する」というわけである。

とくに農村部に多くの票田《ひょうでん》を持っていた当時の大政党、政友会は、149もの路線を建設する鉄道敷設法の改正案を、大正10年2月に帝国議会に上程《じょうてい》した。

ところが、都市部では都市化と工業化が急速に進み、幹線鉄道の輸送力不足が顕著《けんちょ》となっていたため、その改良が求められていた。都市部に根を張る政党が憲政会である。憲政会は今ある鉄道を改良し、余裕があれば新線を建設するという「改主建従」を主張し、政友会のやりかたは「建主改従」であると批判した。

両政党が対立するなか、官僚側もいろいろともめた。国の財政や鉄道の経済効果からすると「改主建従」が正論であったが、農村の近代化も一つの正論であった。結局は支持者の数が多い政友会の「建主改従」の主張が通り、鉄道敷設法の改正案が大正11年4月に成立した。

しかし、同法が成立したからといって、すぐにローカル線が建設されるわけでも、ましてや、すぐに開通するわけでもなかった。

鉄道敷設法では149の路線を予定線として取り上げていたが、その中から調査線を選定後、着工して工事線となり、ようやく開通することになる。建設予算は限られており、調査線になってもすぐには着工されないし、単年度ごとに予算のばらまきをするから、工事も集中してできず、時間もかかる。さらに同法は何度も改正され、そのたびに予定線が追加されて、計196線にも増えた。なかには重要な路線もあったが、それこそできても誰も利用しない路線も多かった。政友会が実権を握ると建設が加速され、憲政会が実権をとると建設スピードが鈍《にぶ》ったのだ。

これが主たる原因ではないが、戦前の新幹線計画である東京―下関《しものせき》間の弾丸列車は、結局実現しなかった。

鉄道敷設法は第二次世界大戦後も残り、国鉄は建設を続けたが、昭和39年（1964年）2月に日本鉄道建設公団法によって日本鉄道建設公団が設立され、予定線の調査、建設は同公団が行うようになった。これによって多くの路線開通が進んだ。その中には武蔵野《むさしの》線のように重要な路線もあれば、廃止された能登《のと》線（現・のと鉄道）の穴水《あなみず》―蛸島《たこじま》間などもある。

鉄道敷設法は国鉄改革によって国鉄が分割民営化される直前の、昭和61年12月に廃止された。

しかし、その前にすでに建設が凍結された路線であっても、地元が必要とし、かつ第三セクター会社で営業する路線であれば、鉄道建設公団が引き続き建設することになった。そうやって建設が再開された路線もある。

智頭《ちず》急行や北越急行、土佐くろしお鉄道の宿毛《すくも》線、北近畿タンゴ鉄道の宮福《みやふく》線はJR直通特急が走っており、黒字か、赤字でも重要な路線だが、秋田内陸縦貫《じゅうかん》鉄道の新線区間である比立内《ひたちない》―松葉《まつば》間や樽見《たるみ》鉄道の神海《こうみ》―樽見間、土佐くろしお鉄道の阿佐《あさ》線、阿佐海岸鉄道などは赤字路線だ。最後に開通したのは井原《いばら》鉄道で開通は平成11年（1999年）1月。ここも経営が苦しい。

特急が高速で走る、または人口集積地で頻繁《ひんぱん》運転することによって、鉄道は黒字になる。よしんば赤字になったとしても、鉄道が走っていることによる経済効果が大きければ存在する価値もあるが、そうでない場合は建設すべきではなかったといえる。

鉄道敷設法は悪法といわれることが多いが、予定線の中には大きなパワーを秘めた路線もあった。高速運転を行った智頭急行や北越急行は開業時から黒字だったことがそれを証明している。

ひるがえって、全国新幹線鉄道整備法も悪法であるという論調が多数を占めている。ところが、鉄道敷設法での予定線にあたる基本計画線は、明治期の最初の鉄道敷設法の予定線よりも規模が小さい。全国新幹線鉄道整備法では予定線の次に整備線がある。いわゆる整備新幹線である。これは北陸新幹線を除いて日本の骨格にあたるものだし、北陸新幹線は広がっている日本の中央、日本海側を貫通するものである。

整備新幹線は日本全国に新幹線を建設するものではなく、大正時代の憲政会による「改主建従」を行っているにすぎない。つまり、明治、大正に造られた鉄道インフラを、現在でも使える平成の鉄道インフラにしようとするだけのものである。

平成で無駄というものがあるとすれば、全国至るところに建設しようとしている高速道路と、それに関する法律である。なかにはニーズの高いものも含まれているにせよ、基本的には改正鉄道敷設法に匹敵、いや、凌駕《りょうが》する悪法である。

新幹線の建設費は高速道路の建設費よりも格段に安く、省エネで環境負荷も少ない。ひとつ覚えのように「整備新幹線の建設は無駄な公共投資」とする識者、マスコミの論調があるが、それをいうならローカル高速道路の建設のほうであるはずだ。

在来線や路面電車も平成のニーズにマッチするよう造り替えれば、一般道路よりもいいものになる。もう一度「改主建従」を行う必要があるのだ。

12日…阪神電車開業100年

明治38年(1905年)4月12日、阪神電車の大阪・出入橋《でいりばし》—神戸・三宮《さんのみや》間、30・6キロが開通した。日本初のインターバンで、広軌高速の電鉄だ。インターバンとは都市間を高速で結ぶ

開業当日の大阪出入橋駅。ホームがなくそのままステップで乗る。
車両は1形1号（筆者所蔵写真・阪神電鉄提供）

とともに、市街地では路面電車として気軽に乗れる路線である。これには高出力のモーター を収納できる広軌、しかも大形ボギー台車が必要で、開業時に一気に30両揃えた。

ただし、大阪、神戸とも市中心部に路面線を張り巡らしておらず、一部区間に路面線があるのみだった。それぞれ市内循環線の計画があったものの、それはのちの課題として、とりあえず出入橋―三宮間を開通させたのだ。

開業時の大阪―神戸間の所要時間は1時間半、表定速度は時速20・4キロ。当時の阪神電車は路面電車を管理する軌道条例の下に建設され、同条例では最高速度は8マイル（約12・9キロ）だったので、完全に速度違反をしていた。

阪神電車は広軌高速を唱《とな》えていて、最高速

開業時のライバル、阪急の三宮駅（筆者所蔵の記念絵葉書から）

度80キロで路線免許を申請したが、鉄道の認可を審議する鉄道議会に受け付けてもらえず、軌道（路面電車）を管轄《かんかつ》する内務省が一部に路面区間があれば軌道とみなすとしていたことから、軌道条例にもとづき開通させた。そのうえで、当時は速度計がないのをいいことに、完全な違反スピードで阪神間を結んだのである。

並行する官鉄の大阪―三ノ宮間は所要時間1時間ほどで、阪神電車のほうが30分遅いが、阪神電車の運転間隔は12分、運賃も安かったので、阪神間では官鉄を利用する人が大幅に減った。

1ヵ月後の5月には10分短縮して1時間20分、運転間隔は10分となり、さらに9月には車両を10両増やして所要時間は1時間12分、運転間隔は9分となる。

こうなると官鉄に乗る人はほとんどいなくなる。官鉄側が阪神電車に乗って、レールの継ぎ目の音からスピード違反をしていることをつかみ、内務省が違反の注意をしたことも何度かあった。しかし、阪神は「ああそうですか」と返事をしただけで、内務省もそれ以上のことはせず、罰せられることはなかった。明治44年には軌道の最高速度が25マイル（約40キロ）に引き上げられたが、阪神はそのときまでに所要時間を63分にしており、この最高速度よりもなお速く走らせていた。それでも8マイルだった頃に比べると速度違反の度合いは小さくなった。

なお、路面電車の法定最高速度は今でも40キロである。なかには50キロ出しているところもあるが、これは特認されたものである。

阪神の成功によって、現在の阪急電鉄の前身である箕面有馬《みのおありま》電気軌道が開通、のちに阪神急行電鉄として阪神のライバルになる。阪急が三宮に乗り入れたとき、阪神は元町まで延長して対抗した。また、大阪─京都間の京阪電気鉄道や、近鉄の前身となった大阪電気軌道、東京でも大師《だいし》電気鉄道から脱却した京浜電気鉄道、京成電気軌道と京王電気軌道が営業を開始した。すべて開業時は軌道だった。

阪神では乗客が増えて、最初30両だったところを66両にした。それでも輸送力不足なので、連結運転が可能でより速く走れる車両を大正3年（1914年）に発注したが、第一次世界大戦のために完成が遅れた（なお、この頃には、路面軌道ではない専用軌道は通常の鉄道に準じるもの

1形2号。1形は京都のN電と違って車体は大きく、
車両の両端にボギー台車を履《は》いている（筆者所蔵写真・阪神電鉄提供）

として〝新設軌道〟という名称になり、鉄道と同じスピードで走れるようになった）。

新形電車が来ないため苦肉の策として、大正8年6月から千鳥《ちどり》式運転を開始した。全線を4区間に分け、区間内のそれぞれ特定の駅にだけ停まることでスピードアップするという方式で、その分、車両の回転がよくなるために輸送力は2割アップした。大阪─神戸間の所要時間も最短58分に短縮した。

その後、連結運転や急行運転を開始、梅田延長や路面区間の解消のために神戸地下線が開通し、梅田側も地下化された。

その頃になると他社ではより大形の車両が登場、大形とされていた阪神の車両も見劣りするようになっていた。地下線は大形車が走れるよう準備していたが、実際に大形車が登場したのは昭和29年（1954年）。34年に各駅停車用の日本一の高加減速車両、ジェットカーが登場、35年には昼間時の各停がジェットカーに統一され、各停がスピードアップした。

昭和39年に支線の武庫川《むこがわ》線を除いて大形化が終了、伝法《でんぽう》線は西九条《にしくじょう》まで延長されて西大阪線になり、40年から西大阪特急の運転が開始された。43年には神戸高速鉄道が開通し、阪神特急は山陽電鉄の須磨浦《すまうら》公園まで走るようになった。西大阪特急はその後廃止されたが、山陽電車の姫路まで直通する梅田―姫路間の直通特急が走るようになった。大正時代の千鳥式運転は、特急が停車する駅を準急が通過するなどの方式で、現在でも引き継がれている。

現在は西大阪線の西九条から近鉄難波《なんば》への延長工事中で、平成22年（2010年）3月までには難波延長線が開通し、三宮―奈良間の直通電車が走ることになっている。

筆者は1950年生まれで、阪神を見ながら育ち、今でもずっと見続けている。2005年4月で開業100年、100年の半分以上の期間を阪神とともに歩んだことになる。

阪神百貨店で行われた開業100年記念式典にも呼ばれ、「阪神とともに歩んだ55年」という演題で4月12日にトークした。筆者にとって阪神電車は鉄道趣味の原点でもあるのだ。

4月は私鉄の開業が目白押し

開業100年の阪神電鉄の他にも、4月に当初の路線が開業した大手私鉄は多い。

明治43年（1910年）の15日に京阪電気鉄道が本線天満橋《てんまばし》―五条間を、大正2年（1913年）の15日には京王電鉄の前身、京王電気軌道が笹塚―調布《ちようふ》間を、大正3年の12日に近畿日本鉄道の前身、大阪電気軌道が現在の奈良線上本町《うえほんまち》―近鉄奈良間を、大正4年の14日に武蔵野鉄道が現・西武鉄道の池袋線池袋―飯能《はんのう》間を、大正13年の12日に九州鉄道が福岡―久留米《くるめ》間を、昭和2年（1927年）の1日に小田原《おだわら》急行鉄道が小田原線を開業している。

4月に開通した路線は他にも多い。やはり、4月が年度初めということからであろう。

●15日…京阪電気鉄道

京阪電鉄には他の私鉄のような個性ある経営者がいなかった。大阪や京都で官設鉄道の対岸に私設鉄道を建設する動きが、渋沢栄一《しぶさわえいいち》、佐分利一嗣《さぶりかずつぐ》などの東京資本と、村野山人《むらのさんじん》、松本重太郎《まつもとじゆうたろう》などの大阪資本の両方で計画されており、ルートも同じだったことから、合同して畿内電気鉄道の名で明治36年（1903年）に特許を申請した。

すでに淀川《よどがわ》には蒸気船が就航《しゆうこう》しており、多数の貨客を運んでいた。官設鉄道は淀川の西岸を通っていたが、大阪駅も京都駅も市街地のはずれにあり、ましてや短距離貨客輸送をするような輸送態勢ではなかった。そこに京阪が明治43年4月15日に開業。大阪―神戸間の阪神と同様に、開業時から乗客であふれるような状態となった。

阪神もそうだが、京阪も本体の鉄道が盛況なために、事業拡大意欲は阪急や近鉄と比べると、あまりなかった。独裁者的なオーナーや、世間に広く知れわたった経営者もいなかった。有名な人物といえば、明治43年に取締役に就任、昭和14年（1939年）に相談役になったのちに逝去《せいきょ》した大田《おおた》光熙《みつひろ》氏ぐらいである。電灯電力事業で滋賀県、和歌山県、三重県に進出、奈良電鉄や信貴生駒《しぎいこま》電鉄への出資、そして京阪デパートや枚方《ひらかた》パークなどを手掛けた。最終的に大阪から名古屋まで線路を敷くことを目指し、新京阪鉄道を開業させたりもしている。

ただ、やはり阪急や近鉄のようなやり手でなかったのか、京阪本体が阪急と合併してしまい、奈良電鉄や信貴生駒電鉄は近鉄の路線になってしまっている。

京都―大阪間という収益性の高い路線を持ったことから、事業拡大意欲や、並外れたやり手事業家が育たなかったといえる。阪神も同様で、やはり事業拡大の構想はあったものの、結局、阪神間から大きく飛躍はできなかった。

しかし、京阪、阪神両電鉄は大阪都心部に新線を建設中であり、また車両もダイヤも非常に利用しやすいものになっている。関西圏に根を張る優良鉄道会社なのである。

●15日…京王電気軌道

京王電軌も都市間電鉄ブームによって開業したものである。東京と八王子を結ぶ目的で発起されたが、八王子は大都市ではなく、一気に開業しても利用率はふるわない。このため部分開業を繰り返し、府中《ふちゅう》から先は別の電鉄で造られた。また、癖《くせ》のある経営者はあまりいなかった。新宿付近の用地買収が遅れて、まずは笹塚—調布間を大正2年（1913年）4月15日に開業させた。このうち金子（現・つつじケ丘）—国領《こくりょう》間は甲州街道の北側を通っていた。

その後、小刻みに開通しながら、大正4年5月に国鉄を越えて新宿三丁目（新宿追分《おいわけ》）駅を設置、ここをターミナルとした。途中に路面区間があるほか、新宿付近はほぼすべて路面区間だった。新宿追分はその後もう少し東に移転し、さらに四谷新宿、京王新宿と2度改称している。

京王も不況に見舞われ経営危機に陥《おちい》ったことがあったが、玉川電気鉄道を立て直した井上篤太郎《いのうえとくたろう》が就任して再建した。そして五島慶太《ごとうけいた》によって東京急行電鉄に合併され、終戦を迎える。

終戦後に東急は分離することになったが、京王線だけでは経営基盤が危ういために小田急系の帝都電鉄を組み入れることになり、分離後の社名は京王帝都電鉄となった。帝都電鉄は井の頭《いかしら》線を開通させた電鉄である。その後、多摩ニュータウンのアクセス線である相模原《さがみはら》線を開通させた。相模原線は橋本から先、津久井《つくい》湖畔の相模中野まで延長計画があった。さらに相模湖方面を経て大月付近に達して富士急行と直通、新宿から河口湖まで直通電車を走らせる構想もあった。

相模中野間では免許も取得し、開通したときにはデラックス特急を走らせるといわれたものだが、集団指導体制になり、オーナーが〝経理〟となったので、これらは夢のまた夢になってしまったのである。現在は社名を京王電鉄に改称している。

●12日…大阪電気軌道

単なる市街地の交通機関だった軌道を都市間連絡機関として開業させた阪神電鉄の成功を受けて、関西地区では都市間を結ぶ電気軌道が相次いで開通した。大阪―奈良間では奈良電気鉄道が発起、明治40年（１９０７年）４月に特許され、６月に奈良軌道と改称して、明治43年9月に会社を設立。そして10月に再び大阪電気軌道（以下、大軌）と改称し、大正３年（１９１４年）４月12日に開通した。

この付近は阪神間や京阪間と比べて人口集積度が小さく、途中に生駒山もある。反対に神社仏閣は多く、都市間連絡鉄道としての乗客や、途中の駅から両端の大都市へ向かう乗客は少ない代わりに、寺社詣《もうで》の客が主流を占めていた。

そういった性格から、天気がいいときによく利用されたため、大軌は〝大阪天気軌道〟と呼ばれるようになった。ともかく経営状態はよくなく、いろいろ努力をしなければならなかった。

大軌は業績の悪化でかなりの運営整理を行い、創設時の取締役の多数が去っていったが、最後まで残ったのが金森又一郎《かなもりまたいちろう》である。彼は大軌を立て直すとともに、鉄道省運輸局長だった種田《おいた》虎《とら》雄《お》を招聘《しょうへい》、この二人の指導体制の下で参宮《さんぐう》急行電鉄を創立して、周辺の私鉄を次々に合併。戦時交通統合による追い風もあって、近畿日本鉄道が形成された。

戦後は関西一の大私鉄となり、特急網の整備拡充を行った。順風満帆《まんぱん》だった近鉄である。

1990年には志摩《しま》地区に一大テーマパーク、パルケエスパーニャを開設した。当初は入場客であふれ、近鉄特急も大いに利用されたが、大阪や名古屋からは非常に遠く、ディズニーランドやUSJに比べると今一つだったので、バブル崩壊により閑古鳥《かんこどり》が鳴くようになってしまった。

これだけが原因ではないが、近年では近鉄ローカル線の北勢《ほくせい》線や近鉄バファローズの切り離しがなされ、近鉄王国も西武王国と同様、バブル崩壊で影が薄くなってきた。それでも、けいはんな線の建設や阪神難波延長線の開業による直通運転など、本業はまだ発展させようとしている。

●14日…西武の前身・武蔵野鉄道

堤康次郎《つつみやすじろう》が形成した西武コンツェルン、その中心が西武鉄道である。しかし、西武鉄道や、その原点のひとつである武蔵野鉄道は、堤康次郎が開通させたものではない。

武蔵野鉄道は飯能の有力者と、飯能出身で横浜で財を成した平沼専蔵《ひらぬませんぞう》によって発起され、蒸気鉄道として大正4年(1915年)4月14日に開業したものである。当初は1日8往復しか運転しなかったが、並行する東上鉄道(現・東武東上線)よりも池袋—所沢間の距離が短いこともあって、大正11年に同区間を電化、頻繁運転を開始した。また浅野財閥などの後押しで、飯能から吾野《あがの》まで延長、セメント輸送を拡大した。

一方、堤康次郎は箱根土地をはじめとする会社で、箱根や軽井沢《かるいざわ》の観光開発、別荘開発を行っていた。その中で箱根土地が大正14年10月に国分寺《こくぶんじ》―貯水池間の免許を取得、多摩湖鉄道を設立して、ここに免許を譲渡《じょうと》、国分寺学園都市として土地開発を開始した。これが最初の鉄道経営であり、小私鉄の多摩湖鉄道が現在の西武鉄道の真の原点であるといえる。

武蔵野鉄道は電化や新線建設によって業績が悪化し、鉄道財団の管理下に置かれ、結果的に堤の傘下《さんか》に入った。その頃になると景気がよくなり、東京市電の池袋延伸や石灰石《せっかいせき》輸送の好調もあって業績も上向いたところで、多摩湖鉄道と合併した。

武蔵野鉄道は並行する西武鉄道（現・西武新宿線）とライバル関係にあったが、同鉄道も結果的に堤の傘下に入り、昭和20年（1945年）9月に武蔵野鉄道と合併した。吸収された西武鉄道の社員がひがまないように、新社名は西武農業鉄道とした。わざとダサい社名にして「西武」の字を入れたのは、世間で〝ピストル堤〟といわれた悪評を断ち切るためだとされる。

1年後に農業の字を取って新しい西武鉄道となり、武蔵野地区に鉄道網を張り巡らすようになった。東武の根津《ねづ》家、東急の五島家の自社への影響力が小さくなるなか、西武だけが最後のオーナー鉄道会社とされたが、これも2005年になって堤家の影響が非常に小さくなりつつある。

オーナー鉄道会社は社員は大変だが、乗客サービスは満点である。要するに社員の規律がいいのである。だが、優秀なオーナーであっても、マイナスの行動もする。オーナーの一声で何でも話が進むなど、いいことも多いが、弊害《へいがい》も多い。ともかく、最後のオーナー鉄道会社が集団指導体制に移行しつつあるところである。

なお、西武系の会社の歴史をひもとくと、重役などに川島の姓が多い。筆者とは直接関係がないといえばないが、間接的に関係があるといえばある。というのも、筆者の本籍は堤の出身地、滋賀県愛知《えち》郡秦荘町《はたしょうちょう》にほど近い神崎郡五個荘町《ごかしょうちょう》（現在は東近江《おうみ》市）だからである。

●12日…西鉄の前身・九州鉄道

九州の福岡と大牟田《おおむた》を結ぶ西日本鉄道も、都市間電車の成功に影響されて開業したものだ。大牟田は三井三池炭鉱があるように鉱工業都市であり、福岡まで高速電車を走らせれば需要があると考えるのは当然であった。途中には二日市《ふつかいち》、久留米といった都市もある。

とはいえ阪神間や京阪間、京浜間のような需要はないし、距離が長いので一気に開業するわけにもいかない。そこでまず筑紫《ちくし》電気軌道を発起し、福岡―二日市間の特許を大正3年（1914年）4月に取得、二日市から太宰府《だざいふ》軌道が太宰府まで開業していたので、これと連絡することで参詣《さんけい》客の利用を当て込んだ。初期の電鉄は参詣客輸送で経営を安定させる場合も多かったのだ。

しかし、特許は受けたものの、低速電車として計画されたため収益は上がらないだろうと着工は見送られ、阪神や京阪、阪急、大軌と同じ広軌高速電車に変更。区間も二日市の先、久留米までとし、大正11年に社名も九州鉄道に変更してから、13年4月12日に開通した（鹿児島線を開通させたのも九州鉄道だが、それとは資本的にも人的にも異なる会社である）。

九州鉄道は周囲の小鉄道を吸収していき、自身も昭和13年（１９３８年）10月に大牟田市内新栄町《しんさかえまち》まで乗り入れ、14年7月には国鉄大牟田まで達した。

福岡県周辺ではバス会社も乱立していた。そこで私鉄とバスを統合する交通調整が行われ、昭和17年9月にそれらを合同した西日本鉄道が発足した。略して西鉄という。西鉄は戦後、大手私鉄の一員となったが、バス会社としても大手である。

近年、ＪＲ九州の輸送改善で、天神《てんじん》大牟田本線は乗客が取られがちだが、西鉄福岡は福岡市の中心、天神にあり、まだまだ利用者が多い。ただし、全国的な知名度は低い。西日本鉄道という社名は、国鉄が転じて生まれたＪＲ西日本と混同される傾向もある。

ＪＲ九州は他のＪＲと違って、水戸《みと》岡鋭治《おかえいじ》氏の個性あるデザインの車両が多く使われており、本州からやってきたファンは最初は新鮮味もあって乗り回すのだが、そのうちやや食傷《しょくしょう》気味になってくる。そんなときに西鉄に乗ると、これぞ広軌高速電車だと、なにか古巣に戻ってきた感じがする。筆者は関西の広軌高速電車を見て育ったから、そういった感じがすると思っていたのだが、いろいろな人に聞くとやはり同じことを感じる人が多い。

JRとなり脱国鉄化を唱《とな》えても、どうしても国鉄臭《しゅう》は残る。水戸岡氏によるデザイン変更をもってしてもそうなのだ。広軌高速電車は、国鉄の車両とは何からなにまで違うものなのである。

●1日…小田原急行鉄道

小田急は、利光鶴松《としみつつるまつ》という実業家が開業させたものである。利光は当初、東京地区と小田原を結ぶことを考えていなかった。利光は東京市街鉄道の経営に参画《さんかく》するとともに、鬼怒川《きぬがわ》水力電気を創立、大口の電力消費先として新宿―日比谷《ひびや》―万世橋《まんせいばし》―大塚間の東京高速鉄道を発起し、大正9年（1920年）3月に免許を取得した（ただし、これはのちに開通した東京高速鉄道とはまったく関係がない地下鉄である）。

ところがこの年の8月に突如《とつじょ》、東京―小田原間の免許を申請している。鉄道経営者の多くは有能で個性豊か、そして思いつきを実行する人が多い。この免許申請もそのようなことで行われたものと思われる。

距離が短く建設費が高い地下鉄よりも、東京から小田原までという長距離高速電車のほうがいい。当時の価格で地下鉄建設が4500万円もかかるのに小田原までは1200万円で済み、こちらを先に建設したほうがいいという計算が働いたものといえよう。

改正鉄道敷設《ふせつ》法では「東京大崎から長津田《ながつた》を経て松田に至る鉄道」が予定線としてあった。利光は地下鉄と同じ新宿を起点とし、京王電軌と玉川電気鉄道（のちの玉電）の間を進んで、登《のぼり》戸《と》、厚木、伊勢原、秦野《はだの》と鉄道の恩恵を受けていない宿場町を通り、松田を経て小田原に達すれば、貨客の需要は大きいとみた。

そこで創立前の東京高速鉄道を小田原急行鉄道と改め、大正12年5月に会社を設立、ただちに工事に入って、昭和2年（1927年）4月1日に一気に新宿－小田原間を開通させた。突貫工事だったので、82・8キロのうち52・0キロが単線、新宿－小田原間の所要時間は2時間23分、運転間隔は45分だったが、稲田《いなだ》登戸（現・向ケ丘《むこうがおか》遊園）までは区間電車を運転して10～15分間隔とした。2年後の4月1日には江ノ島線も開通させた。

小田原急行鉄道も、のちに社名を改めた阪急や東急のように住宅経営や遊園地、デパートの経営をしたが、この頃、小田急と資本的になんら関係のない成城《せいじょう》学園が沿線に移転してきて、学園自身が宅地開発を行ってくれたおかげで、小田急の沿線イメージがよくなった。そして成城学園と袂《たもと》を分かった小原國芳《おばらくによし》が、今度は小田急の協力を得て玉川学園とその周辺の宅地開発を行い、ますますイメージが向上した。

その後は首都圏の肥大化により、沿線各地で住宅開発がなされ、江ノ島線開業後に失敗した林間都市も住宅で埋まって、小田急はいつ乗っても混んでいるというマイナスイメージが広まってしまった。現在は下北沢《しもきたざわ》付近以外では複々線化が進み、輸送力こそ大幅には増えていないものの、朝ラッシュ時のノロノロ運転はかなり解消し、マイナスイメージも緩和《かんわ》されている。しかし、下北沢付近の複々線化はまだまだ先であり、混雑が大幅に解消される日は遠い。

10日…瀬戸大橋線の開業

3月の項で述べた津軽《つがる》海峡線と同様、瀬戸大橋線も正式路線名称ではない。本四備讃《ほんしびさん》線の茶屋町《ちややまち》―宇多津《うたづ》間、宇野線の岡山―茶屋町間、それに本四備讃線の四国側にある岡山側から坂出《さかいで》への連絡線を総称したものである。

本四備讃線のうちJR西日本区間である茶屋町―児島《こじま》間は昭和63年（1988年）3月20日に先行開業、残る瀬戸大橋を含むJR四国区間の児島―宇多津・坂出間は瀬戸大橋での走行試験に時間をかけたので、少し遅れた4月10日に開業し、ここに本州と四国が橋で結ばれた。現在は在来線だけだが、新幹線も走れる構造であり、児島―宇多津間は新幹線路盤か用地がほとんどの区間で用意されている。

瀬戸大橋部分は西側の新幹線と東側の在来線、それぞれが複線の複々線構造になっているが、当面は在来線だけが通るために中央を境にして、在来線の四国方面が新幹線の岡山方面の路盤を、在来線の本州方面が在来線の四国方面の路盤を使用している。

児島駅の西側に広大な鉄道用地があり、ここに新幹線駅が設置されることになっている。新幹線の鉄道用地は、児島駅北側の児島トンネルの出口から、南側の丘のふもとまで続いている。しかし、その向こうにある新幹線用の神道山《しんとうざん》トンネルの北側では、東に鉄道用地があり、西には瀬戸中央自動車道の橋脚《きょうきゃく》が並んでいる。瀬戸大橋線は神道山トンネルの手前で新幹線路盤に移っているのである。

新幹線用神道山トンネルの先には瀬戸中央自動車道が覆《おお》いかぶさっており、両側もコンクリートの壁で囲われてトンネル状になっている。

この先には新幹線用と在来線用が並列になった鷲羽山《わしゅうざん》トンネルがある。ここで下り線は将来の在来線のトンネルに、上り線は新幹線のトンネルに移る。また、その手前には神道山トンネルの在来線のほうの坑口があるものの、コンクリートで塞《ふさ》がれている。

瀬戸大橋は新幹線と在来線による複々線になる予定で造られている

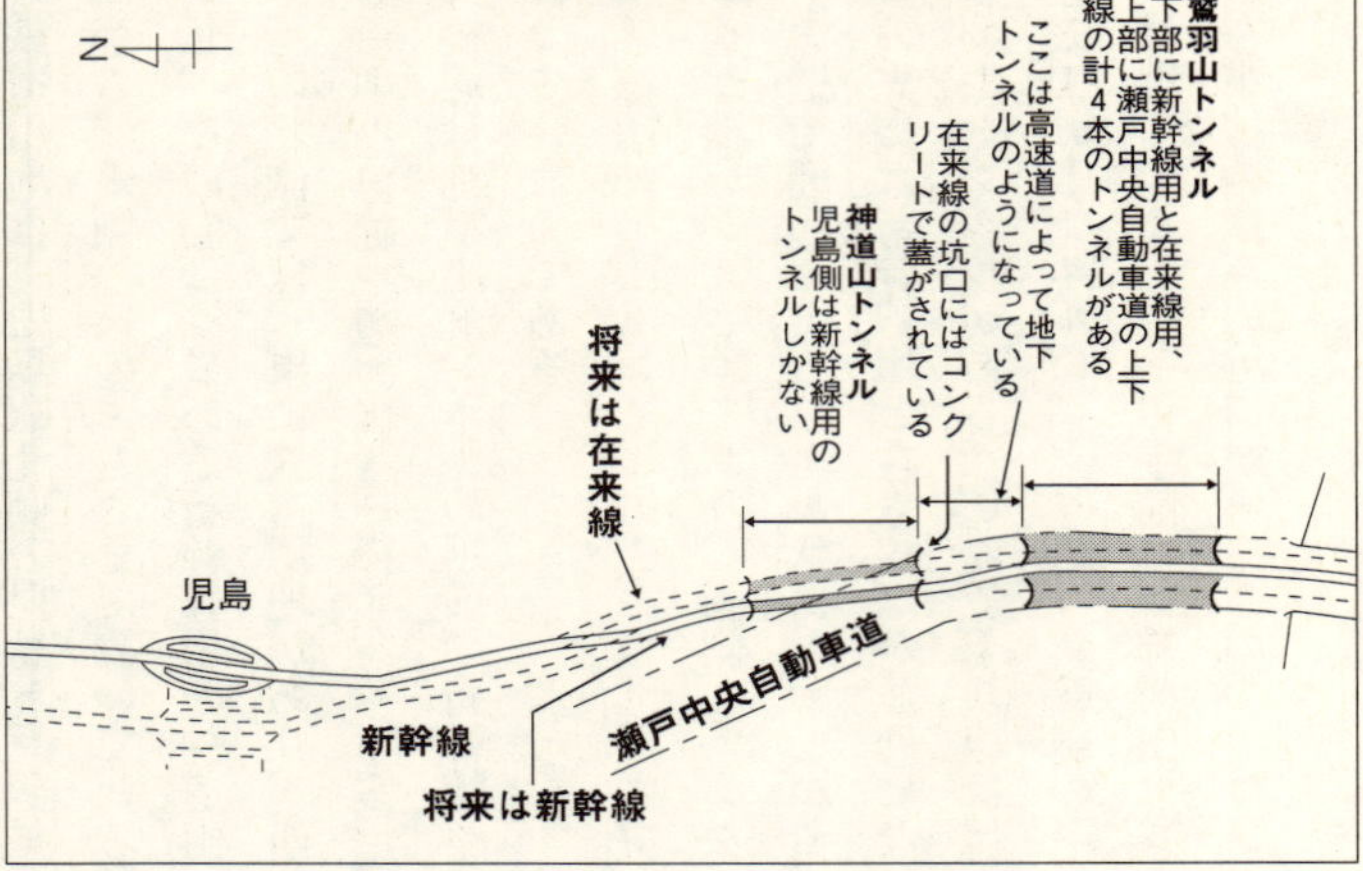
N
鷲羽山トンネル
下部に新幹線用と在来線用、上部に瀬戸中央自動車道の上下線の計4本のトンネルがある
ここは高速道によって地下トンネルのようになっている
在来線の坑口にはコンクリートで蓋がされている
神道山トンネル
児島側は新幹線用のトンネルしかない
将来は在来線
児島
新幹線
将来は新幹線
瀬戸中央自動車道

瀬戸大橋線の新幹線準備設備

鷲羽山トンネルは、上部が瀬戸中央自動車道の上下線各1本、下部が新幹線用と在来線用の各1本の、計4本のトンネルになっており、瀬戸内海側から見ると四つの坑口があるので〝四つ目トンネル〟と呼ばれている。

四国側に着くと番《ばん》の州《す》高架橋になる。上の瀬戸中央自動車道が高松方面に向かうため分かれていくとともに、瀬戸大橋線も、本来あるべき東側の複線路盤に取り付くためにずれていく。

そして坂出方面と宇多津方面へ分岐するが、宇多津方面の高架橋の右側には再び新幹線用地が宇多津まで並行、宇多津で大きく広がっている。現在はゴルフ練習場などに使用されているが、ここが新幹線用の駅用地である。

在来線は宇多津の手前で坂出方面へ向かう短《たん》絡《らく》線以外に、坂出―宇多津間の予讃線もあり、三角線を形成している。しかし、新幹線はただ並行するだけで、高松方面への用地などはない。

四国の新幹線は、瀬戸大橋を渡る岡山―高知間の四国横断新幹線と、大阪から淡路島《あわじ》、徳島、高松、松山を経て大分に至る四国新幹線の二つがある。両新幹線は宇多津で合流するが、すぐに分岐して高知と松山のほうに向かう。東京、大阪方面から徳島、高松へは四国新幹線を利用することから、新幹線については三角線を形成しないつもりだったといわれる。

では高松から宇多津まではどこを通るかというと、高松から五色台《ごしきだい》の山を貫《つらぬ》いて坂出の臨海部を通り、在来線の三角線の北側で交差して四国横断新幹線と合流し、複々線で宇多津、また丸亀に向かうとされる。

結局、児島―宇多津間に新幹線の用地や準備設備を用意し、また、大鳴門橋《おおなるときょう》とその前後にも新幹線が走れる用地や準備設備を設けたが、それ以外のことは何もしていない。

山陽新幹線と四国横断新幹線の分岐設備はないが、とりあえずは新幹線岡山電留線への分岐設備を流用するとしていた。将来的には中国横断新幹線（岡山―松江間）と山陽新幹線、四国横断新幹線のそれぞれの方向に、スルーで行けるようにする構想があった。

いずれにしてももう実現する見込みはないが、瀬戸大橋の新幹線設備を遊ばせておくのはもったいない。

宇野線が単線なので、瀬戸大橋を走る各特急や快速マリンライナーは行き違い待ちをして時間

宇多津にある三角線。右手前が宇多津方面、右奥が坂出方面、左が本州方面。本州方面から宇多津方面に沿って新幹線用地がある

がかかっている。そこで、宇野線の岡山―茶屋町間を複線化する構想がある。

ならば、岡山電留線から児島まで宇野線の別線複線化名目で単線の新幹線を建設して、岡山―宇多津間だけ事実上の四国横断新幹線を開通させてもいい。四国横断新幹線は整備新幹線ではなく基本計画新幹線だから、残っている未着工の整備新幹線を差し置いて造るわけにはいかないが、宇野線の線増を名目とするなら建設してもいいといえる。

在来線を走るのは快速マリンライナーと普通だけとし、各特急は宇多津で連絡するか、フリーゲージトレインにして直通にすればいい。これで東京、大阪から四国の各地へ行くのに30分程度短縮できる。こういった考え方をしてもよいのではないだろうか。

第五章　5月――食堂車や寝台車は時代とともに……

週末旅行は「土・日きっぷ」で

ＪＲ東日本には、連続する土曜、日曜の２日間、エリアは限定されるが特急自由席に乗り放題の「土・日きっぷ」がある。しかも、４個列車までに限り指定席利用も可能である。

おとな１万８０００円、中高生９０００円、こども３０００円なので、家族旅行には最適である。エリアは石巻《いしのまき》線、陸羽《りくう》東西両線で結ばれる女川《おながわ》―余目《あまるめ》間より南のＪＲ東日本線全線と、羽越《うえつ》線酒田―余目間、北越急行線、伊豆《いず》急行線である。新幹線は東北新幹線の古川以北以外は利用できるが、東海道新幹線はＪＲ東海なので、当然利用できない。

北越急行や伊豆急行などに乗れるよう、以前よりもエリアが拡大されたが、このエリアは南

日本三大車窓のひとつ、篠ノ井線の姨捨《おばすて》駅

東北地区、新潟地区、信州地区、伊豆方面と広く、2日でこれらすべてを回りきることはできない。せいぜい、東北方面1日、信州方面1日といった程度である。

とはいえ、東京―仙台間を通常期の新幹線指定席特急料金で往復すると2万1180円だから、同区間を往復するだけで元が取れる。これだけでも格安である。

筆者は5月の土曜日に、ある集まりで日帰りで仙台に行くことになったときにこれを利用、帰りは白石蔵王《しろいしざおう》まで送ってもらったものの、これだけでも元が取れた。翌日は中央線、篠ノ井《しのい》線経由で長野へ、ここから久しぶりに長野電鉄に乗って、長野新幹線で戻った。この分は完全にタダみたいなものだ。仙台への「はやて」、白石蔵王からの「やまびこ」、塩尻《しおじり》への「スーパーあずさ」、長野からの「あさま」はすべて指定席、塩尻―長野間の「しなの」は自由席だが、塩尻から乗れば松本で好きな座席に座ることができる。どの車窓からも新緑が眺められた。しかも、各地で微妙に違う新緑に気がつくものである。

家族にどこか連れて行けと言われたなら、「土・日きっぷ」で行くことをお勧めしたいところである。

25日…初の食堂車と寝台車が登場

JR山陽線は、私設鉄道の山陽鉄道が開通させたものである。明治16年（1883年）に政府は、幹線は官設鉄道、支線は私設鉄道とする方針をとった。しかしこの年、日本鉄道が上野―熊《くま》谷《がや》間を開通させて成功し、また政府自身にも予算がなかったために、発起された九州鉄道に幹線建設の許可を与えた。以後、松山鉄道、両毛《りょうもう》鉄道、水戸《みと》鉄道、甲武《こうぶ》鉄道、大阪鉄道、関西鉄道、山陽鉄道なども発起後、許可され、開通されていった。これを第一次私鉄ブームという。

なかでも山陽鉄道は、日本鉄道と同様に長大路線を開通させている。日本鉄道の東北線に対する、山陽線である。明治21年に兵庫―明石《あかし》間が開通、22年に神戸まで延長して官設鉄道に接続し、27年に広島、34年に馬関《ばかん》（現・下関《しものせき》）まで開通させた。ただし、当初は神戸―姫路間だけを建設しようとしていたが、政府の要請で馬関まで開通させたのである。

三田尻《みたじり》（現・防府《ほうふ》）まで開通したのが明治31年3月17日。山陽鉄道では瀬戸内海航路と競争をしていたため、翌年5月25日に急行列車に食堂車を連結した。日本初の食堂車の登場である。

急行列車は4往復あり、すでに官設鉄道に乗り入れていたので、急行のうち2往復が京都発着であった。食堂車は京都10時5分発・三田尻23時51分着、三田尻4時50分発・京都19時28分着の1往復に1両が連結された。用意されたのは3両。半室食堂車、半室1等車の合造車で、中央に大型テーブルを置き、中向きに左右4列の座席がある定員8人である。残り半室の1等の定員は24人だった。食堂車の定員が少なく、一つのテーブルを使うので苦情もあったため、その後、4人用2卓、2人用2卓、1人用1卓の計13人用に改造した。

なお、2等は現在のグリーン車で、3等が普通車である。1等は貴賓《きひん》車に相当する。

当時、官設鉄道の幹線は東海道線しかなく、山陽鉄道に遅れること2年7ヵ月、明治34年12月に、東海道線の昼行急行と夜行急行それぞれ1往復に食堂車が連結された。しかし当時は奈良線の一部と御殿場《ごてんば》線が東海道線に含まれており、ここに連続急勾配《こうばい》区間があるため、連結両数（正格には牽引《けんいん》定数）に限りがあったので、食堂車の連結は新橋─国府津《こうづ》間、沼津─馬場（現・膳《ぜ》所《ぜ》）間、京都─神戸間に限られていた。2等車との合造車で、食堂車は横1＆2列の向かい合わせ、定員6人の喫煙室と定員12人の禁煙室に分かれており、2等室の定員は14名だった。この当時、すでに分煙していたことは興味深い。

一方、山陽鉄道では明治34年4月8日に、大阪22時20分発・三田尻13時41分着、三田尻14時50分発・大阪6時11分着の夜行急行に、1等寝台食堂車が連結されるようになった。これも日本初の寝台車である。1等寝台は16人用、食堂は4人用と2人用が各1卓、1人用が2卓だった。寝台はレール方向に通路を挟んで2段、仕切りはカーテンで、昼間は窓を背にしたソファ式のロングシートになる。当時の車体幅は2500ミリ前後と狭く、現在のプルマン式A開放寝台のように、昼間は向かい合わせの座席にすることができなかったのである。

以後、食堂車、寝台車は幹線急行列車に普及し、2等寝台車も登場した。

明治43年に、東海道線の急行に2人床4個定員8人、1人床24人の2等寝台車が登場した。2

新幹線100系食堂車の食堂室は２階にあり、
景色を眺めながら食事が楽しめた。厨房《ちゅうぼう》は１階にある

人床とはつまりダブルベッドで、外国人夫婦観光客の利用を当て込んだものである。しかし、第一次世界大戦での戦争成金《なりきん》が芸者などを連れ込み良俗《りょうぞく》を乱すなどして非難を浴び、大正7年（1918年）に2人使用は禁じられ、大形寝台と改称して1人床とした。

現在の寝台列車にはスイートやツイン、デュエットといった2人個室がある。かつて、B開放寝台の隣り合わせの仕切りを撤去できるタイプがあった。これは子供連れを考慮したもので、それ以外の使用は禁じていたが、現在の個室寝台には別に制限はない。個室だからということもあろうが、夫婦での旅行になくてはならないものだからである。

食堂車は合造車から、1両すべてを食堂に使用するようになり、昭和30年代後半にはほ

かつて博多―西鹿児島（現・鹿児島中央）間に走っていた
在来線「つばめ」にはビュッフェ車が連結されていた

とんどの特急や、長距離夜行列車にも連結されていた。さらに座席車両の半室を食堂車にしたものをビュッフェ車と称し、当初は主として東海道線のビジネス特急「こだま」に連結、その後、食堂車の隣にも連結されるようになった。電車急行や、東海道新幹線にも連結された。

東海道線の電車急行のビュッフェ車には寿司職人が乗っており、本格的な握り寿司が食べられた。しかも2両連結されていて、江戸前寿司と大阪寿司に分けられていた。信州を走る列車では当然、信州そばが供された。

新幹線に食堂車が連結されても、やはり隣にはビュッフェ車が連結され、軽食をとりたい人はこちらを利用していた。

時代は下り、東海道新幹線に2階建ての食

堂車が登場したりしたものの、九州ブルートレインとともに食堂車の連結はなくなった。

ビュッフェ車はJR九州が「つばめ」用に新しく造ったが、九州新幹線開業のずっと以前に改造されて廃止となり、現在、正式にビュッフェ車と呼ばれるものはJR北海道のSL列車用として2両、そして東北・上越新幹線の旧式車両に車販兼用で残るだけ。食堂車は北海道発着の「北斗星」「トワイライトエクスプレス」「カシオペア」に残るだけである。

6日…名古屋電気鉄道の開業

名古屋鉄道のルーツは、路面電車の名古屋電気鉄道である。官設鉄道の名古屋駅が市街地のはずれにあったことから、その間の連絡のために、明治26年(1893年)6月に特許を申請、名古屋駅前(笹島)—県庁前(久屋町《ひさやちょう》)間と、本町—第三師団前(本町御門)間、笹島—枇杷島《びわじま》間の特許が27年3月に下りた。要するに名古屋の市外電車網を形成しようとしたのである。

明治31年5月6日、京都電気鉄道に続く2番目の電気鉄道として、笹島—県庁前間が開業した。34年2月には柳橋《やなぎばし》—押切町間の押切線が開通、押切線では道路も建設し、開通時に名古屋市市道に編入された。以後、この方式で道路整備とともに各線が開通して、名古屋市内に市外電車網が形成された。

明治38年4月に阪神電鉄、12月に京浜電鉄の品川—横浜(神奈川)間が開通し、高速の郊外電車が成功すると、名古屋でも名古屋電鉄をはじめ、いろいろな高速郊外電車の特許申請がなされたのも当然の成り行きだった。

名古屋電鉄は犬山、一宮《いちのみや》、津島に向けて郊外電車を大正3年（1914年）までに開通させ、押切線と直通にして柳橋から3方向に電車を走らせた。

東京、大阪は市営電車になり、市街線は均一運賃になっている。しかし名古屋では、郊外線があるがゆえに均一運賃にしにくく、そのために市民やマスコミから非難を浴びた。挙げ句には電車焼き討ち事件が起こり、結局、市街線は大正11年8月に市営化され、郊外線だけになった同社は名古屋鉄道と改称した。ただし、郊外電車が直通する柳橋―押切町間は、その後も使用することとなり、柳橋に名古屋鉄道のターミナルができた。

さて、名古屋鉄道は名古屋電気鉄道の時代から、周辺の鉄道会社を合併していった。また、市電乗り入れ区間では運転本数が増大し、しかも鉄道線の大形電車が走ることから、沿線の住民から非難も浴びていた。

そこで、枇杷島から笹島（名古屋駅）まで国鉄に並行する新線を建設することを決定したが、着工にはなかなか至らなかった。

そうこうするうちに岐阜まで線路が延び、昭和5年（1930年）9月に名岐《めいき》鉄道と改称、さらに昭和の初め頃、名古屋から豊橋や河和《こうわ》、常滑《とこなめ》などに路線を持つ愛知電気鉄道とも合併話が浮上し、交通事業調整政策もあって昭和10年8月に合併、ここに新しい名古屋鉄道が発足した。昭和16年8月には旧名岐線が地下駅の新名古屋駅に乗り入れた。しかし、旧愛知電鉄線側が新名古屋に乗り入れたのは昭和19年のことである。

20日…大阪地下鉄の開業

大阪市営地下鉄の最初の路線である御堂筋《みどうすじ》線が開通したのは、昭和8年（1933年）5月20日のことである。

運営体は大阪市交通局で、それまでの市電時代から、他の交通局に比べて異色な面があった。明治36年（1903年）9月に最初の市電が築港《ちっこう》—花園橋間に開業したのだが、市電開業にあたって街路を拡幅《かくふく》、道がない場合には新しい道路を建設した。さらに私鉄が大阪市中心部に線路を敷設《ふせつ》することも許さず、大阪市内の市街電車は大阪市交通局が行うものとした。これがのちに「大阪市営モンロー主義」と呼ばれることになる。私鉄電車の直通もほとんどなされていない。

地下鉄についてもこの方針が踏襲《とうしゅう》されており、東京の地下鉄が地方鉄道法（現・鉄道事業法）の下で開通したのに、大阪では道路整備と同時に施工することから軌道法で造られ、現在でも軌道法の下にある。新京阪鉄道が大阪都心乗り入れをしようとしたときも阻止、大阪の北の天神橋《てんじんばし》六丁目をターミナルにさせた。戦後になっても、阪急京都線や南海の都心乗り入れ、阪神と近鉄による都心難波《なんば》を貫通して野田—上本町《うえほんまち》間を走らせる大阪高速鉄道を阻止した。阪急、南海の都市乗り入れ計画線であった路線は堺筋《さかいすじ》線として、大阪高速鉄道の計画線は千《せん》日前《にちまえ》線として、大阪市交通局が開通させた。

また、最初の地下鉄の御堂筋線は、将来は10両編成が必要ということで10両編成が停車できるホームにし、各駅が低い天井では息苦しいということで、天井が高いドーム式にした。さらに、2号線（現・谷町《たにまち》線）が梅田で1号線（現・御堂筋線）と連絡する計画だったので、梅田は方向別の島式ホーム2面4線にできる構造にしていた。

2号線は結局は1号線の梅田に接することはなく、東梅田が設置された。用意していた2号線用トンネルは不要になったものの、梅田駅拡張のときにこのトンネルが利用され、現在の南行《なんこう》のホームになっている。

現在、大阪地下鉄では8号線として、大阪環状線の外、東側を南北に通る井《い》高野《たかの》—今里《いまざと》間を建設中である。都心部貫通路線は南北方向に御堂筋、谷町、四つ橋、堺筋の4線、東西に中央線、東西南北L字形の千日前線と長堀鶴見《ながほりつるみ》緑地《りょくち》線があり、構想としては松屋町線がある。

一方で、私鉄の阪神難波延長線と京阪中之島《なかのしま》線が都心貫通線として建設中であり、正式には決まっていないがおそらく大阪市交通局以外が建設・運営主体となる、なにわ筋線の構想もある。

現在では、大阪市営モンロー主義はなくなったといえよう。

阪神タイガース応援号

野球のペナントレース序盤《じょばん》戦半ば頃から、阪神タイガースを応援するために、梅田と山陽姫路の両方面から貸し切りのタイガース応援号が走り出す。そのときによって正確な愛称は異なるが、女性タイガースファン用の「と・ら・らタイガース」号、山陽電車の車両を使った「山陽タイガース」号などが登場した。

全車定員制の臨時電車が多いが、ラッピングを施した車両を定期列車で走らせたり、梅田―甲子園間臨時ノンストップ特急（当然、自由席）として走らせたりしている。

甲子園球場には一般駐車場がないので、電車の中吊り広告などで「甲子園球場には駐車場はおまへん」と、オマリーに引っかけて（?）電車で行くよう促《うなが》している。

阪神が優勝した2003年には、JRも「タイガース応援」号を走らせた。この列車は北陸方面などからの観客を運ぶもので、大阪を通り越して甲子園口まで走った。甲子園口は甲子園球場から結構遠く、ここからバスに乗り換えをするはめになる。そんなことなら、大阪で阪神電車に乗り換えさせて、阪神電車もクロスシートの指定席臨時電車を走らせればいいように思う。

優勝した2003年、阪神の乗客輸送量は大幅増だった。さて2005年の今年はどうだろうか。阪神100周年でもあるので、岡田監督に頑張ってもらいたいものである。

第六章　6月——小岩井農場の馬車鉄道はイケル!!

「あじさい電車」を楽しむ

毎年6月に、箱根登山鉄道では「あじさい電車」が走る。

箱根登山鉄道の線路脇には1万株のあじさいが植えられており、開花期の6月半ばから7月の初め頃まで、夜間はライトアップもされる。通常の営業電車に乗っても楽しむことができるが、さらに夜間には「夜のあじさい電車」が2往復運転される。

全車指定席で、営業電車よりも低速運転され、宮《みや》ノ下《した》では5分停車するので近くの踏切間際の線路内まで行くことができる。指定席料金は大人600円、小人400円である。

大正8年（1919年）6月に開業した箱根登山鉄道は、掘割《ほりわり》や盛土《もりつち》が崩落《ほうらく》しないよう

乗るのも撮るのも楽しい「あじさい電車」
（箱根登山鉄道提供）

にあじさいやつつじを植えた。当初はなかなかうまく育たず、一時は放置されたが、昭和30年代から職員がきめ細かく手入れをするようになり、この頃から6月になるとあじさいを眺めに乗る人が増え、いつしか「あじさい電車」と呼ばれるようになった。

昭和51年（1976年）に箱根登山鉄道に美化委員会が発足、さらにきめ細かに、そして職員総動員で手入れを行うようになった。今では登山線だけでなく、強羅《ごうら》からの箱根登山ケーブルカーの線路沿いもあじさいでいっぱいになっている。夜のライトアップも始まり、臨時列車の「夜のあじさい電車」の運転もされるようになった。

「夜のあじさい電車」の車両には最新の3両編成が使われるが、座席定員は126人しかないため、指定席はすぐに売り切れになるので、申し込みは早めにしなければならない。一部ロングシートがあり、そこに折り畳み椅子を置いて各車10人、計30人ほど定員を増やしてもいいように思える。とにかく人気が高く、筆者は2度挑戦したが、いまだ成功していない。

12日…品川—横浜間が仮開業

新橋—横浜間が開通したのが明治5年（1872年）、太陰暦の9月12日、太陽暦に直すと10月14日。この日をかつては鉄道記念日、現在は「鉄道の日」としている。

しかし、最初に営業を開始したのはこの日ではなく、その4ヵ月前の6月12日（太陽暦。この頃は太陰暦を用いており、元号では明治5年5月7日）である。試験運用ということで仮開業したもので、開業に備えて鉄道略則と鉄道犯罪罰例が定められた。鉄道略則では賃金を払って手形を受け取らないと乗れないこと、車内禁煙、車両には婦人部屋があり男子出入り禁止、酔人・不行状人は乗せないこと、鉄道構内にみだりに立ち入らないことが決められ、鉄道犯罪罰例ではこれらを犯した者に対して厳しい罰則が定められた。

車内禁煙で、女性専用車が最初からあったことに驚く。これがいつの日にかなくなり、そして現在、禁煙車があるのは当たり前、女性専用車も普及しはじめているという状況になっているのは先祖返りのような感じである。

営業開始初日は2往復の運転、2日目から6往復、太陽暦8月11日から8往復と増発していき、運賃も引き下げられた。

やがて新橋—品川間が完成し、10月11日に開業式を行う予定だったが、雨のために3日延期されて14日に敢行、この日が鉄道の日になったというわけである。

日本で最初に鉄道が営業運転を行ったのは6月12日である。その前に試運転を行っていたので、最初に汽車が走ったのはもっと前ということになるが、いずれにしても線路が完成し、輸入車両が到着した明治4年がその年にあたるとされる。

しかし、日本で最初に汽車が走ったのは、さらに前の慶応元年（1865年）のことである。

神戸港線のテンダー付き機関車86。
機関車後方にあるのがテンダー（石炭・水を積む車両）

証明する資料が少ないために公式に認められてはいないが、イギリスの鉄道業界新聞である『The Railway Times』の１８６７年７月22日付の記事に「日本の長崎の海岸通りでテンダー付きの機関車が運転され、あちこちから見物人が来て、日本人に非常な人気を呼んでいる」と書かれている。当時出島《でじま》に住んでいたフランス人、アメリカ人、そして日本人の目撃談も、わずかだが残っている。

それらを総合すると、長崎に事務所を持つグラバーが日本人に売り込むため、上海《シャンハイ》に敷設《ふせつ》する鉄道資材を長崎に持ってこさせて１カ月間走らせたもので、その後は上海に送られたということだ。

２フィート６インチ、日本でいうナローゲージ７６２ミリ軌間である。通常ナローゲー

給水中のタンク式機関車、C11

ジの機関車は近距離運転がほとんどなので、石炭や水を積載する車両（これをテンダーという）がついていないものがほとんどだったが、イギリスの記事にはテンダー付きとなっているから、本格的な蒸気機関車だったのである。

このデモンストレーションののち、国は鉄道敷設を決意することになる。

25日…東京馬車鉄道が開業

馬車鉄道とは、字のごとく馬が客車を引っ張るものである。馬車鉄道は蒸気鉄道に比べて簡易にできるので、全国各地に普及した。しかし、軌間は1尺9寸（576ミリ）から4フィート6・75インチ（1390ミリ）までまちまち、多いのは2フィート（610ミリ）と2フィート6インチ（762ミリ）、3フィート

岩手県の「小岩井農場まきば園」で再現されている馬車鉄道

6インチ（1067ミリ、現・JR在来線の軌間）の3種で、標準軌の4フィート8・5インチ（1435ミリ）はなかった。

東京馬車鉄道はこれらとはまた違う4フィート6インチ（1372ミリ）を採用した。しかもこれが日本で最初の私鉄であり、このあと各地に馬車鉄道が普及していった。

東京馬車鉄道はニューヨークの馬車鉄道の規格を踏襲《とうしゅう》したもので、2頭立ての馬の足がレールにちょうどかからず、走りやすい幅だったといわれる。標準軌だと足にひっかかる恐れがある。また、2フィート前後の軌間は1頭の馬が引っ張っていた。

なお、標準軌が4フィート8・5インチと半端な寸法になっているのには訳がある。古代バビロンから続く伝統的な馬車の轍《わだち》の寸法が4フイート8インチであり、当初の鉄道の軌間はこれを踏襲していた。しかし、車輪とレールがともにこの寸法だと遊びがない。そこでレールのほうを0・5インチ（約12ミリ）広げたのである。

ともあれ、東京馬車鉄道は1372ミリを採用し、明治15年（1882年）6月25日に新橋―日本橋間を初めて開業、官設鉄道と当時の東京の中心地を結んだ。前述したように、日本初の私鉄の誕生である。その翌年に日本鉄道が上野―熊谷《くまがや》間を開通させている。

東京馬車鉄道は東京の当時の市街地に路線網を張り巡らし、明治31年には上等車も登場させた。下等車は40人乗り、上等車は25人乗りで、上流階級用とする意味合いの他に、馬の疲労を抑える意味もあった。

馬車鉄道はよくエコロジカルでいいといわれるが、実際は馬の世話や食料確保の苦労は並大抵《なみたいてい》でないし、糞尿《ふんにょう》による公害もひどいもので、けっしてクリーンで経済的ではなかったのである。また、日本人の感性なのか、馬が馬車を引っ張ること自体かわいそうという声も上がっていた。

盛岡市郊外の「小岩井農場まきば園」に馬車鉄道が再現されている。明治37年に〝トロ馬車〟の愛称で農場での輸送手段として造られ、小岩井駅が開設されるとそこまで延長、昭和33年まで運営されていた。今は遊覧施設として人気を博している。馬車鉄道とはどんなものかがわかる貴重な存在だ。また、ここのものはローカル馬車鉄道だが、市街地を走っていた往時をしのばせるものは札幌市郊外の「北海道開拓の村」にある。この二つを一度は乗ってみることを勧めたい。

さて、明治30年代に電気鉄道の敷設ブームが起こり、東京市内に電気鉄道を敷設する目的で、多数の電気鉄道の特許申請が行われた。東京馬車鉄道も既設線を電化して電気鉄道にしようとした。それとは別に多数の電気鉄道が発起され、これらは東京市街鉄道と東京電気鉄道の二つにまとめられたが、東京馬車鉄道はそれとはまた別に明治35年に東京電車鉄道と改称、この両電気鉄道により東京の市街電車網形成が始まった。

東京電車鉄道は明治36年に新橋─八ツ山橋間を電化した。ここで京浜電鉄と相互直通運転を予定していたからである。東京市街鉄道も当時の市街地西側を主な活躍の場として、明治36年にまず数寄屋橋《すきやばし》─神田橋間を開通させた。また、東京電気鉄道が外濠《そとぼり》に沿って明治37年に開業した。

この3社によって東京の市街電車網は形成されていく。運賃は各社均一で3銭だったが、共通運賃制ではないので、2社間を乗り継ぐときは6銭必要だった。それでは不便ということで、明治39年には3社が合併するものの、合併後の全路線は1銭値上げした4銭とした。

これは実質的な値上げなので利用者の反発を招き、反対集会も行われ、ついには騒乱状態になり、戒厳令《かいげんれい》寸前のところまでいってしまった。それでもなんとか事態を収拾して3社は合併、東京鉄道が同年に発足した。

大阪の電車は市営だったので、不採算路線でも公共の観点から敷設し、運賃を抑えていた。道路の改良や新設とともに市電を敷くので、公共性が強く前面に出ていたのである。それを受けて東京の市街電車の市営化論が盛んになり、明治44年に東京鉄道は買収されて市営となった。

都市間高速電車インターバンは、都心では市街電車に乗り入れるのが本来の姿である。東京で都市間高速電車を目指したのは、京浜電鉄、京成電軌、京王電軌、王子電軌である。

京浜電鉄は１４３５ミリの標準軌だった。これを１３７２ミリに改軌して、東京市電と一部区間だが直通運転を行った。京王電軌も一時、多摩川の砂利《じゃり》輸送貨車が京王新宿から東京市電に直通した。京成電軌も東京市電に直通を予定していたので、京王電軌とともに１３７２ミリとした。王子電軌は、高速電車にはなりきれなかったが、やはり１３７２ミリを採用した。

時代は下って、京浜電鉄は、新たに軌間１３７２ミリの高速電気鉄道を敷設することが認められずに１４３５ミリにした地方鉄道、湘南《しょうなん》電鉄（現在の京急日ノ出町以南）と直通するために、再び１４３５ミリに改軌した。その後、東京都営地下鉄浅草線と、京急、京成の相互直通運転が決まったとき、京成は１３７２ミリを主張したが、１４３５ミリと決定し、京成が改軌した。京王と都営新宿線との相互直通が決定したとき、東京都は１４３５ミリを主張したが、京王は改軌はできない相談ということで、新宿線は１３７２ミリに決まった。日本にとって１３７２ミリは特殊な軌間で、東京地区にしかない。その理由は2頭立て馬車が走りやすかったからである。１３７２ミリあるいは１４３５ミリに統一していれば、都営新宿線、京王線と都営浅草線や京成線、北総線とは相互に直通できる。まもなく、最高速度時速１６０キロという高速の成田空港アクセス線印旛《いんば》日本医大―成田空港間が開通、特急スカイライナーが新しいルートで成田空港まで走るが、うまくすれば京王八王子から成田空港まで直通電車が走れるはずだったのである（もっとも、ゲージチェンジトレインが実用化されれば、軌間の違いは意味をもたなくなるが）。

東京都交通局の地下鉄のゲージには1067ミリ、1372ミリ、1435ミリの3種があり、どの路線でも走れる汎用《はんよう》車両を造れない悩みがある。

なお、王子電軌は東京市電に買収され、都電荒川線として今でも走っている。荒川線が残ったのは高速電車を目指して路面走行区間を極力減らし、クルマに邪魔されずに走っていたからだ。

「トロッコ神楽《かぐら》」号を見に行く

高千穂《たかちほ》鉄道は国鉄高千穂線として開通したが、ゆくゆくは高千穂から県境を越えて熊本の阿蘇《あそ》南麓《なんろく》の高森まで延長、高森線とつないで九州横断鉄道にされる予定だった。

しかし、工事中の高森トンネル内での大出水で頓座《とんざ》、県境を貫通することはできず、高森線とともに第三セクター鉄道の高千穂鉄道になったのだ（高森線は南阿蘇鉄道）。

南阿蘇鉄道にはトロッコ列車が走っており、高千穂鉄道にも2004年に「トロッコ神楽」号が登場した。南阿蘇鉄道のトロッコ列車「ゆうすけ」号は、無蓋《むがい》貨車を改造した客車をディーゼル機関車が牽引《けんいん》するもので、見た目はトロッコ風だが、厳密にいうと工事用のトロッコ列車では

「トロッコ神楽」号は2両編成で、その延岡寄りは「天鈿女《あまのうずめ》」、高千穂寄りは「手力雄《たぢからお》」の名がついている。写真は「天細女」号

ない。高千穂鉄道の「トロッコ神楽」号も新製の気動車をトロッコ風にしたもので、機関車牽引はしないが、新製気動車だから走行性能はよく、乗り心地がいい。

6月に「トロッコ神楽」号に乗ることにした。時間的な都合で車中泊、1泊1日の行程である。

京都までは新幹線で、京都からは寝台特急「彗星《すいせい》」で日豊《にっぽう》線延岡《のべおか》に向かった。「彗星」にはB寝台1人用個室ソロが連結されている。「北斗星」や東京発九州ブルートレインのソロと比べると、1両あたりの定員を増やすために、通路を挟んだ両側に個室が上下2段並べられている。ベッドはレール方向に向いている。

「北斗星」などはベッドを枕木《まくらぎ》方向に向け、

「トロッコ神楽」号車内。椅子は木製

窓側を通路、反対側を個室としており、上段と下段の個室は交互になっているので上下方向も左右方向も大きく室内は広いが、「彗星」はそうではないので天井が低く、広さも1畳程度で、カプセルホテルと同じような感じである。

そうはいっても個室は個室、京都で買った酒とつまみで一人宴会をして、すぐ寝入った。

起きると日豊線を走っていた。「彗星」は長崎行の「あかつき」と連結し、小倉《こくら》で切り離す。閑散期なので4両編成である。これを大出力の電気機関車で引っ張ることは、なにか不経済に感じる。

寝台列車には冷水機が備えられていたものだが、「彗星」では撤去されていた。4両編成のためか飲料の自動販売機もなく、閑散期なので車内販売も来ない。

一人宴会をやった翌朝は喉《のど》が渇ききっている。用意していたペットボトルを飲み干したものの、それでも渇きは癒《い》えない。車掌に聞くと大分で6分間停車するから、このときホームの自動販売機で購入してほしいとのこと。まだ1時間近く先である。車窓から見える道路上の自動販売機がうらめしいこと、このうえない。

まさに砂漠にいるようなものである。自動販売機くらいは設置すべきであろう。人命に関わるとまではいわないが、こんなことをしていてはブルートレインの人気が落ちるのも当然である。

大分で飲料を購入し、ようやく一息ついた。大分から先は高速化工事が始まって線形改良の真っ最中だが、宮崎との県境付近は高速化の予定はまったくない。そればかりか急カーブと急勾配《こうばい》が多く、高速電車特急でもゆっくりと走る。ましてや機関車牽引の「彗星」は、本当にノロノロ運転である。

「彗星」は延岡に9時21分に到着する。高千穂鉄道は9時28分発、これに乗ると日之影《ひのかげ》温泉で「トロッコ神楽」号と行き違う。このため手前の日向八戸《ひゅうがやと》で降りて、対向の「トロッコ神楽」号を撮影してから乗るという予定だった。

ところが、「彗星」は1時間近く遅れてしまった。高千穂鉄道の10時40分発にしか乗れないので、日向八戸より手前の曽木《そき》で下車し、ここで対向の「トロッコ神楽」号に乗らざるをえなかった。

原稿締め切りの関係で、すぐに東京に戻らなければならないうえ、通常の銀塩カメラで撮って、戻ってから現像・焼き付けに出すのでは間に合わないので、デジタルカメラで撮影することにした。まだ本格的な一眼レフタイプを持ち合わせていなかったので、シャッターを切ってから撮影までにタイムラグがあるデジタルカメラで撮らざるを得ない。

動きが速い列車を、このようなデジタルカメラで写すのは難しい。早めにシャッターを切ると列車がまだ近寄っていないし、いつものように写すと列車が画面からはみ出してしまう。なんとかこれをうまくこなせた。

次に乗車して設備や乗り心地、走行性能を試し、車内を撮影する。乗車時間は短く、予定の半分も乗れなかった。しかし、高千穂鉄道は何度も訪れており、車窓からの風景は覚えてしまっていたので、乗り心地などを試すだけでよしとした。

乗り心地はよかったが、椅子は木製、クッションがついていないので、長時間乗車には不向きである。6月ではあるが、延岡あたりは気温が高い。高千穂駅の標高も思ったよりも低く、夏場はやはり暑い。このため6月といえども窓は締め切りで、冷房が入っていた。女性車掌に聞くと、窓を開放するのは4月前後くらいとのことである。トロッコ列車というよりも展望車といった車両で、加速性能も高いが、居住性は以前の指定席列車用の「たかちほ」号のほうがいい。

宮崎からは大分まで「にちりん」に乗り、大分から高速振り子特急の「ソニック」で小倉へ、

レッドエクスプレス「にちりん」で走る485-1号

小倉から新幹線「のぞみ」で戻った。「にちりん」5号の先頭車両はクハ485—1、トップナンバーなので、デザイナーの水戸岡《みとおか》先生も意識したのか、特別なロゴマークになっていたようだ。

「ソニック」はやはり速い。特急はこれくらい元気に走ってもらいたいものだ。「にちりん」と「ソニック」を乗り継ぐ場合、特急料金は通しで計算される。これもうれしい扱いである。

そして久しぶりに、小倉—新横浜間を「のぞみ」で乗り通した。所要時間は4時間30分、速くなったものである。とはいえ、乗車時間が4時間を超えると急激に利用率が落ちるので、山陽新幹線で時速360キロ、東海道新幹線で300キロ運転をして、4時間を切る必要があるだろう。

第七章　7月――本物のトロッコ列車、神岡《かみおか》と黒部《くろべ》が双璧!!

東京―大阪間、取材三昧《ざんまい》の日々

2004年の7～8月は、関西地区の鉄道を乗り回した。他の仕事もあるので長期滞在とはいかず、新幹線の「のぞみ回数券」を利用し、関西地区ではJRについては「青春18きっぷ」を、私鉄については「スルッとKANSAI」2dayまたは3dayチケットを利用した。

「青春18きっぷ」は、普通、快速など全国のJR線が乗り放題の切符で、5回分1綴《つづ》りが1万1500円、一人で連続しない5日間を利用してもいいし、2～5人で利用してもいい。通用期間は春、夏、冬のほぼ学校の休み期間中で、年齢制限はない。特急、急行などを利用するときは運賃部分も無効、つまり使用できないので、別に運賃・料金が必要である。ただし、普通・快速列車のグリーン車、いわゆる通勤ライナーでは、グリーン車、ライナー券、乗車整理券などの料金を払えば運賃部分は有効である。

新幹線乗車区間で「のぞみ回数券」を利用すれば、その前後は普通、快速に限り乗り放題である。だから、自宅の最寄《もより》駅から新横浜までと、京都あるいは新大阪から先のJR西日本線では「青春18きっぷ」を利用している。東京地区で入鋏印《にゆうきよう》（改札ばさみで切る代わりに押すはんこ）を押されても、関西地区で通用する。

「スルッとKANSAI」は、関西地区私鉄とバスの各社で使用できるストアードフェア方式の共通チケットだ。要するに改札口でカードを投入して乗る方式で、首都圏では「パスネット」というネーミングになっている。パスネットとの違いは、最初に改札口に入っても初乗り運賃が引かれないところだ。このため、乗るのをやめても初乗り運賃は取られない。また乗降駅名の記載が大きく、乗車時間も記載されるし、残額も1桁《けた》から記載されてわかりやすい。子供用もある。

その企画切符として、2dayチケットと3dayチケットがある。2dayチケットは連続しない2日間乗り放題、3dayチケットは連続する3日間乗り放題となっている。「青春18きっぷ」とこれらを組み合わせ、「のぞみ回数券」も使うと、関西地区のどこにでも行ける。鉄道旅行や取材にはもってこいの企画切符である。

「スルッとKANSAI」のこの二つの企画切符は、2003年4月から近畿2府4県（滋賀、兵庫、和歌山、奈良の各県）と三重県では取り扱わなくなった。ただし、3dayチケットの関西限定版はこの限りではない。

このため、筆者の場合を例にすれば、首都圏のJR旅行センターや各旅行会社であらかじめ予約券を購入し、関西各私鉄の大きな駅などで引き換えてもらうことになる。

以前に使ったときは、渋谷のJR東日本びゅうプラザで3dayチケットを予約し、阪神三宮《さんのみや》で引き換えた。次はそういう変更があったことを知らず、面倒なので近鉄の京都駅で直接買おうとしたが、旅行会社でないと買えないとのこと。すぐそばのJR東海ツアーズで購入を申し込むと、関西地区では取り扱えないということで断られた。「どないなっとんや」と近鉄京都駅で相談すると、1階の近畿日本ツーリストで売っているということで、ようやく引換券を手に入れ、購入することができた。あとで「スルッとKANSAI」のウェブサイトを見ると、近畿地区では売っていないと書かれていたが、京都駅の近畿日本ツーリストでは買えたのだ。これこそ「どないなっとんや」と言いたいところである。

なお、「スルッとKANSAI」では、たとえば阪神電車と大阪市交通局が乗り放題で、さらにそれら沿線の観光施設が割引になるような企画切符もあるし、3dayチケットでも割引券がもらえる。しかもその割引券の綴りが観光ガイドとともにドサッとついてくる。

そんなこんなで2004年の7～8月は、6枚綴りの「のぞみ回数券」を2回使用、「のぞみ」で6往復し（おかげで、新幹線の中で眠っていても、今どこを走っているのかわかるようになってしまった）、また、関西地区の各線すべてを最低3往復は乗ることができたのである。

1日…東海道線全通

東京と京都の両京を結ぶ鉄道は、明治22年（1889年）7月1日の深谷《ふかや》―米原《まいばら》―馬場《ばば》間の開業をもって全通した。深谷は今は廃止されたが、関ケ原から現在の北陸線長浜に向かう区間の途中にあった駅で、馬場は現在の膳所《ぜぜ》である。この区間の開通により、両京は1本の線路で結ばれることになったが、当初の計画では両京を結ぶルートはまったく異なっていた。

計画時には、中山道《なかせんどう》経由と東海道経由の両案があった。東海道経由はすでに江戸時代から海運が盛んで、鉄道を敷いても海運と競合状態になることから、沿線の経済発展にあまり寄与しないと考えられた。

中山道経由であれば、交通機関が貧弱な荷馬車から絶大なる輸送力を持つ鉄道に変わり、沿線の経済発展につながるということで、中山道経由に決定した。東海道経由だと外国の艦砲《かんぽう》射撃に遭《あ》う危険性があるから中山道経由にした、とよくいわれるが、当時の陸軍はまだ弱体で鉄道に対しての発言力はなく、さらにそれほど長い射程距離の艦砲もなかった。あくまでも経済的な発想から中山道経由が選ばれたのだ。

これに沿って鉄道が敷かれることになったが、東京―高崎間は私設鉄道の日本鉄道が建設しており、官設の中山道鉄道としては、資材運搬などのために直江津《なおえつ》から軽井沢《かるいざわ》までと、敦賀《つるが》から長浜まで、そしてそこから東西への路線を建設するつもりだった。

ところが軽井沢―高崎間と、上田《うえだ》―諏訪《すわ》間は地形が急峻《きゅうしゅん》で、通常の鉄道を建設するわけにはいかなかった。

そのため、すでに開通している新橋―横浜間、京都―神戸間を流用できる東海道経由のほうがいいと、政策変更して東海道鉄道の建設を開始することにした。当時の横浜駅は現在の桜木町《さくらぎちょう》で、ここからスイッチバックして西進、箱根は北側を迂回《うかい》した。初期の東海道鉄道は御殿場《ごてんば》線経由だったのである。敦賀からは当初の予定どおり長浜に達し、ここからとりあえずは東進し、加納《かのう》（現・岐阜）に向かった。愛知県の武豊《たけとよ》港から資材を陸揚げするために、武豊から加納に向かっても線路は延びていった。

早期に両京を結ぶため、長浜―大津間は琵琶湖《びわこ》を就航《しゅうこう》する連絡船に頼ることとした。京都からは現在の奈良線の稲荷《いなり》まで建設し、ここから東に方向を変え、日本初の山岳トンネルである逢坂山《おうさかやま》トンネルを抜けて、馬場に達した（なお、山岳トンネルでないわが国最初の鉄道トンネルは、大阪―三ノ宮間の天井川［河床がまわりの土地より高い川］トンネルで造った、芦屋《あしや》川、住吉川、石屋川の各トンネルで、石屋川トンネルは連続立体交差事業で高架化されて今はない）。

東海道線の往年の客車特急「はと」

馬場からはスイッチバックして大津（旧駅。現在の京阪京津線浜大津《はまおおつ》付近）に達し、連絡船と接続していた。

静岡―浜松間が明治22年4月に開通し、長浜―大津間は連絡船乗船となるものの、この時点で両京は結ばれた。長浜―馬場間はなんら難工事区間ではなかったが、他の区間の建設を先にしたのである。

同区間も明治22年7月1日に開通したが、長浜経由では長浜でスイッチバックする必要がある。そこで米原から、スイッチバックせずに済む深谷までの短絡《たんらく》線が同時に開通したのである。

このため馬場—大津間は休止、深谷—長浜間は貨物線になった。

東海道鉄道が東海道本線になったのは明治42年10月12日のことである。このとき、鉄道院総裁通達により「国有鉄道線路名称」が定められ、本線と従属線とが系統化された。〇〇線という一つの系統（部）を設け、そこに本線とその従属線を定めたのである。

東海道線の部も設けられ、東海道本線を筆頭に、山手線などが従属線として、さらに東海道本線の支線として、前述の深谷—長浜間などが定められた。ここに東海道本線が誕生したのである（なお、国土交通省の路線分類では「本」はなくなり、単に東海道線としていて、従属する路線もない。ただし貨物支線などは東海道線に含んでおり、路線の掲載順は国鉄時代のままである。また、東海道本線と正式に呼んでいるのはJR東日本の区間である東

「つばめ」は方向転換のため後部展望車に先頭の電気機関車を連結した

京—熱海《あたみ》間だけであり、JR東海区間とJR西日本区間では「本」はつけていない)。その後、急勾配《こうばい》区間解消のための丹那《たんな》トンネルや、関ケ原での2度の新線建設、京都—大津間の短絡新線の建設など、大きな改良工事が何度も行われた。

それでも足りずに、まったくの新線として開通したのが東海道新幹線だ。東海道新幹線は別の高速路線のように思われるが、東海道本線の全面改良路線でもあるのである。そしてまだ実現していないが、リニア新幹線はさらなる東海道本線の改良線ともいえる。

26日…日本鉄道上野—熊谷《くまがや》間開通

日本鉄道は、現在の東北線、高崎線、常磐《じょうばん》線を開通させた私設鉄道である。官設鉄道の神奈川—横浜間敷設《ふせつ》のための海岸埋め立て工事を請け負った高島嘉右衛門《たかしまかえもん》が、東京—青森間の鉄道敷設を計画し、大名・華族に出資させることを考えた。大名・華族側もこれに応え、さらに岩倉具視《いわくらともみ》も加わったものの、幹線の建設は国が行うということで、事はなかなか進まなかった。

ところが西南戦争などのために政府の財政は窮乏《きゅうぼう》、幹線の建設は両京を結ぶ路線も含めて、私設鉄道も加えざるをえなくなった。そこで明治14年(1881年)2月に岩倉邸で発起人総会が開かれ、社名は日本鉄道、建設区間は東京—高崎間とその途中から分岐して青森まで、そして中山道鉄道の高崎—長浜間とその途中から分岐して新潟、秋田まで、さらに門司《もじ》—長崎間と決定された。

このうち中山道鉄道の東京—高崎間は、国に建設資金の余裕がなかったために、日本鉄道に任せるしかなく、青森までの建設とともに許可が出された。これには岩倉具視の実力ものを言ったのである。

東京のターミナルはどこにするかということで、千住《せんじゅ》、新橋、新宿の3ヵ所が検討された。千住だと、そこから貨物線を南下させれば小名木川《おなぎがわ》港から物資を外国に輸出できる。新宿であれば用地買収が行いやすい。新橋もいいが、新橋の北側には市街地が広がっており、踏切技術がない当時、ここを抜けるには盛土《もりつち》をして立体交差にする必要があって、用地買収も大変だった。

将来は新橋まで延ばすとして、その手前の上野寛永寺《かんえいじ》横には好都合な空地があり、川口あたりから南下する場合も山手台地と平地の間に空地があった。そこで上野を東京の暫定《ざんてい》ターミナルとした。

東北線の分岐点には、川口、大宮、熊谷の3ヵ所が検討され、距離が短く、できるだけ高崎への線路と並行できる大宮分岐が選定された。

上野—熊谷間は明治15年6月に着工し、16年7月26日に開通した。17年5月に高崎まで、8月に前橋（現・新前橋近く）まで開通、大宮から分岐して青森まで開通したのは明治24年9月1日である。その前の18年3月1日には官設鉄道と連絡するために赤羽《あかばね》—品川間が開通している。今の山手線と赤羽線である。

現在の常磐線や日光線も開通し、さらに両毛《りょうもう》鉄道、水戸鉄道も買収して、日本鉄道は官設鉄道を上回る規模になった。

そして明治41年の鉄道国有化法で国鉄となった。国鉄が路線名選定時に、これらの路線を東北線とし、本線は東北本線、従属する路線は常磐線、高崎線、両毛線、水戸線などを定めた。このため時刻表には長らく、東北本線、常磐線、川越《かわごえ》線、水戸線から津軽線まで、30の路線が東北線として並べられていた。ただし高崎線は東北線に含まれるが除外され、上信越線の項を立てて、高崎線、上越線、そして信越本線とその支線である飯山《いいやま》、越後、弥彦《やひこ》、魚沼線の順に記載していた（昭和44年［1969年］当時）。高崎線と上越線は一つの路線にして上越本線とする予定だったが、東北線と信越線に従属する路線の、どれを上越本線に含めるかがなかなか難しく、また信越本線を上越本線の従属路線とする案もあって、結局、分割民営化まで結論は出なかった。

ともあれ、東北線が従属する路線が一番多い。これは便宜上、本線という考え方を全JR線に適用したとしても同じである。日本鉄道の名残《なごり》が現在でもここに生きているといえるのである。

夏のトロッコ列車を訪ねる

6月の項でも触れたが、毎年、夏になると各地でトロッコ列車が運転される。しかし、本物の

貨車を改造した南阿蘇《あそ》鉄道〝トロッコ風列車〟

トロッコ列車といえるものは一つもない。トロッコとは工事現場の資材などの輸送、あるいは鉱山の資材・人員輸送のためや、森林鉄道といった、国から輸送機関として認可されていない業務用の鉄道のことである。

かつての木曽《きそ》森林鉄道などが、登山客の要請で乗せることがあったが、鉄道事業法や各種鉄道構造規則に則《のっと》っていないために、切符代わりの乗車許可証には「命の保障・補償はしない」旨《むね》が書かれていた。

現在「トロッコ列車」と銘打っているのは、すべて普通鉄道構造規則に則った車両で、厳しくいうなら〝トロッコ風列車〟としなければならない。

一部に、昔の鉱山鉄道を改造して、遊園地の乗り物扱いとして人を乗せているところがあ

神岡鉱山のトロッコ列車。これぞ本物

る。しかし、これも遊具としての安全基準があり、トロッコ列車としては今一つ物足りない。

岐阜県の神岡鉱山は閉山されているが、その中の茂住《もずみ》鉱山のトンネル深くに東京大学宇宙線研究所の研究施設「カミオカンデ」「スーパーカミオカンデ」があり、鉱山跡を利用したコンサートホールなど各種の施設もある。そこへはバスでも行けるが、神岡鉄道茂住駅の対岸、精錬工場跡近くの茂住鉱山上平《うわだいら》坑口から地下への鉱山鉄道がそのまま残っていて、毎年7月20日前後に神岡鉄道主催で行われるGSA（ジオ・スペース・アドベンチャー）で乗せてもらえる。これこそ真のトロッコ列車である。ただし、抽選なのでなかなか乗れない。このため、団体利用ならいつでも申し込みを受け付けている。詳しくは神岡鉄道のウェブサイトに出てい

黒部峡谷の業務用トロッコ列車には軽トラックも積載

る。

普通鉄道構造規則に則った鉄道で、トロッコ列車に近いものというと、大井《おおい》川鐵道《がわてつどう》の井川線と、関西電力の黒部峡谷《きょうこく》鉄道がある。とくに黒部峡谷鉄道は現在でも、関西電力関係のダム発電所へ物資・人員輸送をしている。現在、一般の人が乗れるのは普通鉄道構造規則の適用を受けている下部軌道である。終点の欅平《けやきだいら》の先に貨車を載せることができるエレベーターがあり、その上から黒部第四発電所までに上部軌道がある。これもまさしくトロッコ列車で、ときおり公開されて乗ることができる。

さて、通常の鉄道で走らせているトロッコ列車の多くは、貨車か客車を改造したもので、窓ガラスがないため、雨天ではずぶ濡れになってしまう。そこで通常の客車を控車として連結して、避難できるようにしているところが多い。ＪＲ四国では控車に特急気動車を使ったりしている。快適に乗るならこちらだが、自然の空気に触れることはできない。

京都の保津峡《ほづきょう》を走るＪＲ西日本の百パーセント子会社、嵯峨野《さがの》観光鉄道は、線路改良、複線化で不要になった山陰線の嵯峨野―馬堀《うまほり》間の旧線を流用したものだ。ここは控車がないので雨のときは大変だが、雨の保津峡もまたいいものである。

それでも濡れるのが嫌《いや》な人のために、天井はガラス張り、床は格子状にした「ザ・リッチ」なる車両が登場した。ただ、名前はリッチでも、これは他の車両がプアーなだけで、乗ってもリッチとは感じないが、眺めがよくて乗り甲斐《がい》のある路線である。

第八章　8月——バテる夏。涼を求めて避暑の旅へ!!

野辺山《のべやま》避暑と高原列車

毎年8月になると、筆者は八ヶ岳山麓《やつがたけさんろく》の野辺山へ、2泊程度だが避暑に行く。家族を伴い、資料整理のためにパソコンも持っていくので、残念ながらマイカー利用である。しかし、清里《きよさと》へ行く場合は野辺山駅にクルマを置いて小海《こうみ》線を利用する。清里駅周辺の道路は渋滞するだけでなく、原宿と見まがうくらい人であふれているし、駐車場もいっぱいだからである。駐車代を払うくらいなら、列車に乗るほうがいい。

初めて清里に行ったというか、初めて小海線に乗ったのは、40年ほど前の昭和42年（1967年）、すでに旅客列車は無煙化され気動車になっていたが、貨物列車はまだC56形蒸気機関車が牽引《けんいん》していた。中央東線は電車化されていたが、急行「アルプス」では非電化線直通を中心に気動車も運用され、新宿からの小海線直通の準急「八ヶ岳」が「アルプス」に連結されていた。

また、中央東線はまだ蒸気機関車のオンパレード、機関車3両が引っ張る、いわゆる3重連で牽引される普通列車もあった。当時、筆者は阪神間に住んでいたので、中央東線、中央西線経由で小海線に入った。中央東線ではD51ばかりで「またデゴイチか」と見向きもせず、写真もあまり撮らなかったが、今から考えるともっと撮影しておけばよかったと悔《く》やまれる。当時機関区があった中津川《なかつがわ》には、デゴイチが群れをなして停まっていたのを思い出す。だから小海線のC56を

野辺山―清里間のJR最高地点を走るキハ110形

見たときの新鮮さは言葉ではとても言い表せないものがあった。

次に乗ったのは、その5年後、新宿0時30分発の夜行急行「八ヶ岳」51号で、野辺山に6時に到着した。小海線内は普通になる。勾配《こうばい》線区用のキハ58やキハ65が使用されていた。

その後は毎年、夏だけでなく、冬はスキー、秋は紅葉、春は新緑と、四季折々の八ケ岳を訪れるようになった。JRになってもキハ58が主に使用されており、清里から野辺山まで、並行する道路を走るマウンテンバイクにも抜かされるほどあえぎながら走っていた。C56牽引の蒸機列車ならもっと低速だったはずだ。やがて軽量高出力のキハ110形に交替し、この区間の走行速度も時速30キロくらいから60キロ以上になって、自転車に抜かれることもなくなった。

行楽シーズンの中央自動車道は慢性渋滞で、一部3〜4車線化された現在でも混んでいる。そこで、一番渋滞が激しい八王子ICから上野原《うえのはら》ICを避けるために、今の中央線四方津《しおつ》駅近くにある「コモアしおつ」というニュータウンに転居した。ここから野辺山までは、中央自動車道を使えば2時間もかからない。

マイカーは山梨ナンバーのワンボックスカーで、これだと便利なことがある。清里駅へは野辺山から列車で行くことが多いのだが、2004年の夏は息子が大学のゼミの関係で、途中から列車で合流することになった。そこで妻と娘の買い物を兼ねて清里駅に迎えに行った。当然、駅前は駐停車禁止だが、ペンションなどの送迎であれば専用の駐車場に停められる。

清里は山梨県だから送迎車は当然山梨ナンバーで、ワンボックスカーが多い。そこで筆者も送迎するような顔をして30分ほど停車させてもらった。もちろん、すぐに動かせるようクルマから離れはしなかった。ただ、他府県ナンバーのドライバーから道を聞かれることしきり、清里や野辺山は庭みたいなものだから立派に案内できるので、30分間は観光案内人になってしまった。

息子が清里に到着したのは夕方だった。新宿方面からこの時間帯に清里に来る場合、小淵沢での接続が非常に悪い。甲府で普通に乗り換えたあと、小淵沢でずいぶん待たされることもある。

清里を午前中に発つときも、小淵沢での接続はよくない。接続がいいのは午前中に清里へ、夕方に清里を発つ列車で、要するに行楽客の行動パターンに合わせているのである。だから小海線沿線の人が反対に新宿方面に向かうとき、同線を利用しやすいようにダイヤは組まれていない。そういうことから小海線ではなく、中央自動車道経由のクルマ利用が増えてしまうのだ。

小海線は行楽期は超満員になるが、閑散期は1両に2〜3人しか乗っていないという状況になっている。小淵沢で「あずさ」にすぐに接続するようなダイヤにしてもらいたいものである。

27日…東武鉄道の開業

日本鉄道が明治16年（1883年）に東北線と高崎線を開通させ、高崎と小山《おやま》を結ぶ両毛《りようもう》鉄道も開通させて、北関東地区に鉄道のトライアングルを形成した。しかし、トライアングルの中心部分は鉄道空白地帯で不便だったので、ここを貫通する鉄道が構想された。おりしも明治20年代は第二次私鉄ブームといわれ、全国に私設鉄道が開通していた。

トライアングルを貫通させるだけでなく、日本鉄道が東北線などを建設するときに検討していた、日光街道沿いに走る鉄道を開通させると多数の利用客が望め、また小名木川《おなぎがわ》まで延伸すれば輸出貨物も一手に輸送できるとの判断から、東京や館林《たてばやし》の有力者が明治28年4月に東武鉄道を発起、日光街道に沿って館林—本所《ほんじよ》—越中《えつちゆうじま》島間の免許を申請した。しかし、これは却下された。本所—越中島間など市街地を貫通することに対して、東京市が難色を示したからである。

そこで区間を千住《せんじゆ》—足利《あしかが》間に縮小して再申請、今度は仮免許が認可され、明治29年10月に東武鉄道株式会社が設立された（ちなみに、大手私鉄の多くは合併を繰り返して社名が何度も変わったりしたが、東武鉄道と阪神電鉄の2社だけはずっと同じ社名で通している。京阪もそうではないかといわれようが、京阪は一度阪急と合併しており、戦後に新生京阪電気鉄道となっている）。そして明治32年8月27日、北千住—久喜《くき》間が開通した。以後、北は利根《とね》川の手前川俣《かわまた》まで、南は亀戸《かめいど》まで線路を延ばしたが、利根川を渡れなかったので営業成績が落ち込み、利根川架橋資金も出せなくなってしまった。そこで東武鉄道の株主で、東京電灯の取締役でもあった根津嘉一郎《ねづかいちろう》に経営に加わるよう頼み込み、明治38年5月に専務取締役、11月に取締役社長に就任させた。

おりしもこの年は4月に阪神電鉄、12月に京浜電鉄が京浜間を開通させて、電車の威力を世間に示した。根津も電車に興味を持ち、東武鉄道にも電車を走らせることにした。曳舟《ひきふね》から亀戸までの延長時に、曳舟—吾妻《あづま》橋（現在の業平《なりひら》橋《ばし》）間は廃止されていたが、総武鉄道が国有化されたので吾妻橋を浅草と改称のうえ復活させ、東武鉄道のターミナルにした。

利根川架橋費も社債で確保し、明治41年に伊勢崎まで開通させ、大正13年（1924年）の浅草—西新井間を皮切りに、昭和2年（1927年）に全線電化を果たした。

昭和4年には日光線が開通、運転本数も増え、将来的には輸送力が不足すると想定して、浅草—杉戸（現・東武動物公園）間で複々線の用地も確保していった。これがのちに北千住—北越谷《きたこしがや》間の複々線化に役立つことになる。

東武も周辺の小私鉄を合併していき、根津は東武コンツェルンを形成、関西の南海高野《こうや》線の前身、大阪高野鉄道の経営にもタッチした(208ページ参照)。

根津嘉一郎は西武の堤《つつみやすじ》康次郎《ろう》や東急の五島慶太《ごとうけいた》ほどアクは強くなく、武蔵野《むさしの》鉄道の争奪戦では堤に負けてしまったものの、東武エリアは守り続けた。2代目も根津嘉一郎と改名し、現在は3代目が社長となっている。しかし、西武の2代目の堤義明《よしあき》氏と違って、オーナーとして君臨してはおらず、それがために東武鉄道の社風はよくいえばおおらかなのだが、乗客サービスはあまりいいとはいえない。

立山黒部《たてやまくろべ》アルペンルートの旅

夏の観光地として有名なのが立山黒部アルペンルートだ。いろいろな乗り物を乗り継いで信濃《しなの》大町《おおまち》から富山へ、あるいはその反対方向へ抜けるルートである。

信濃大町から扇沢《おうぎさわ》までは路線バス、扇沢から黒部ダムまではトロリーバスに乗る。トロリーバスは立派な鉄道で、無軌条電車と呼ばれる。以前は無軌道電車とも呼ばれていたが、言葉の響きが悪いため無軌条電車に呼称を統一した。

鉄道である証拠に、道路の横に勾配標などの鉄道標識が置かれている。また、バスは隊列をなして進むものの、隊列は一つの列車とみなされ、出発すると架線部に設置されたトロリーコンダ

関西電力のトロリーバス。これも立派な鉄道のひとつ

クターで通過台数（正確には連結両数）を感知し、対向列車を走らせないようにしている。バスの集電用ポール（パンタグラフに相当）が架線をすべるときに、架線に設置した装置がポールによって回転し、それによって通過したことがわかる仕組みで、鉄道用語でいう単線特殊自動閉塞《へいそく》である。

　同時にスタフという票券も併用している。スタフには扇沢―信号場間の記号Aと信号場―黒部ダム間のB、そして扇沢―黒部ダム間のCがあり、信号場で行き違いをしない場合は先頭のバスにCを、行き違う場合は扇沢発も黒部ダム発も最後部のバスにCを積み、信号場で対向の先頭車のバスに渡す。どちらの場合もバス1台ごとを続行運転する1列車とみなす。これで一番最後の列車が信号場に入ったことが確認できる。本来は最後部列車が信号場を出たことを確認する必要があるが、出発時のトロリーコンダクターによるカウントを信号場でも行うことで、すべてのバスが通過したことを確認できるのだ。

トロリーバスはほとんどの区間で関電トンネルの中を走る。関電トンネルには業務用の自動車も走っている。この自動車については、自動車用トンネル合流点に、通過すると電流が流れるループコイルを置いて検知している。

関電トンネルに入るとすぐに、岩小屋沢横坑と合流する。ここから業務用車両が合流するのだが、途中の信号場で行き違いをしないトロリーバスが走るときか、運行時間外のときにしか走れないように、遮断機《しゃだん》が置かれている。しばらく走ると掘削《くっさく》工事が難航した破砕帯《はさいたい》を通過し、次に富山と長野の県境を越える。これらの場所には案内板が設置されている。その向こうに中間信号場があり、ほとんどの場合はここで対向列車と行き違いをする。

その先では赤沢横坑、続いて鏡岩横坑が分岐する。さらに黒部川第四発電所のトンネルが分岐したのち、黒部ダムに到着する。

扇沢では見るものはあまりないので、すぐにトロリーバスに乗ってもいいが、黒部ダムでは、息が切れるほどの階段を上ったところに展望台があり、黒部湖の観光船もある。観光船に乗るには結構な時間が必要だが、展望台で景色を眺《なが》め、黒部ダムの堤《つつみ》を歩き、立山黒部観光の黒部地下ケーブルカーに行くだけなら1時間ほど見ておけばいい。

黒部地下ケーブルカーはトンネルなので見るべきものはないが、次の立山ロープウェイは途中に支柱がなく、すばらしい景色が楽しめる。

ロープウェイの終点、大観峰《だいかんぼう》駅から再びトロリーバスに乗る。立山トンネルトロリーバスというものだが、途中で行き違いをする雷殿《らいでん》駅の標高は2450メートル、日本の鉄道で一番標高が高い地点であり、駅である。一般に小海線の野辺山が一番高い駅といわれるが、これはJRあるいは普通鉄道に限った場合の話で、野辺山―清里間にある最高地点も同じ意味である。

やがて室堂《むろどう》に到着、ここは観光の拠点で、詳細は省くがとにかくいろいろと見るべきものがあるので、最低でも1時間は時間をとりたいところである。

ここからは立山高原バス、そして立山ケーブルカーで立山に降りる。立山駅は立山砂防軌道の起点でもある。立山砂防軌道は通常は一般の人は乗れないが、ときおり見学会として乗せてくれる。各所にスイッチバックがあり、なかには連続18段というところもある。残念ながら乗れなくても、近くの立山カルデラ砂防博物館でジオラマが見られるし、その横にある砂防軌道のヤードで、小さな機関車や貨車などを見ることもできる。これこそトロッコ中のトロッコである。

立山から富山に行くよりも、ここから富山地方鉄道で宇奈月《うなづき》温泉、そして黒部峡谷鉄道に乗るのがセオリーといえる。立山―宇奈月温泉間には直通の特急「アルペン」号も走っている。車両は西武鉄道から払い下げられた旧レッドアロー号を使用していて快適である。

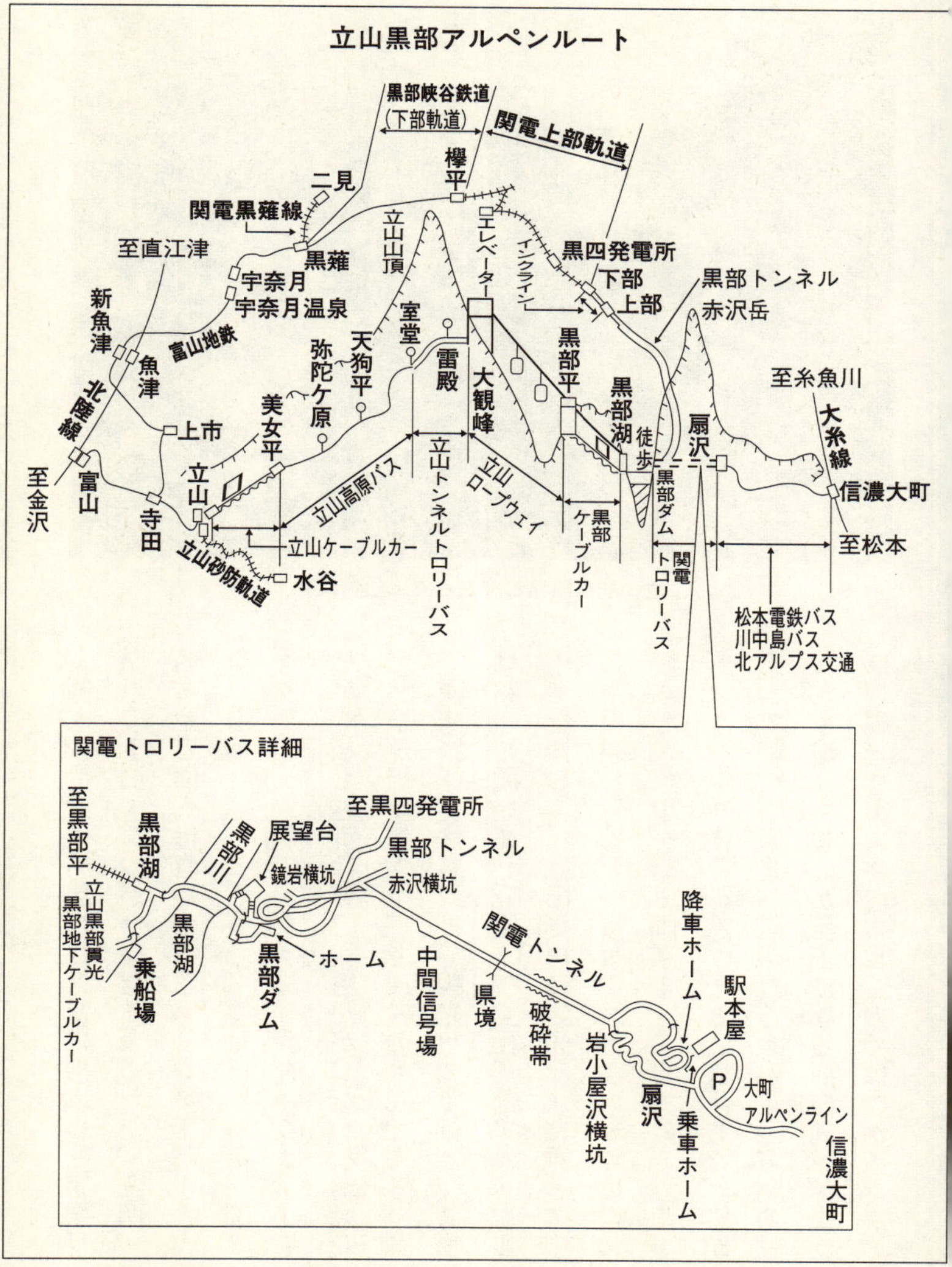
立山黒部アルペンルート
黒部峡谷鉄道
（下部軌道）
関電上部軌道
欅平
二見
関電黒薙線
黒薙
至直江津
宇奈月
宇奈月温泉
新魚津
魚津
富山地鉄
北陸線
上市
至金沢
富山
寺田
立山
立山砂防軌道
水谷
美女平
弥陀ケ原
天狗平
室堂
立山山頂
雷殿
大観峰
エレベーター
インクライン
黒四発電所
下部
上部
黒部平
黒部湖
黒部トンネル
赤沢岳
徒歩
扇沢
黒部ダム
至糸魚川
大糸線
信濃大町
至松本
立山高原バス
立山ケーブルカー
立山トンネルトロリーバス
立山ロープウェイ
黒部ケーブルカー
関電トロリーバス
松本電鉄バス
川中島バス
北アルプス交通
関電トロリーバス詳細
至黒部平
黒部湖
黒部川
展望台
至黒四発電所
黒部トンネル
鏡岩横坑
赤沢横坑
立山黒部貫光
黒部地下ケーブルカー
黒部湖
乗船場
ホーム
黒部ダム
中間信号場
関電トンネル
県境
破砕帯
岩小屋沢横坑
扇沢
降車ホーム
駅本屋
P
大町
アルペンライン
乗車ホーム
信濃大町

立山駅に隣接してある立山砂防軌道

個人旅行では黒部峡谷鉄道に乗車して宇奈月温泉で１泊するのがいいだろう。ただ、関西、名古屋方面へは直通の特急「サンダーバード」や「雷鳥《らいちょう》」「しらさぎ」で戻ればいいが、関東地区となると帰りは遠い。一番速いのは「はくたか」と上越新幹線の利用だが、なかなか大変だが糸魚川《いといがわ》から大糸線で戻るのも乙《おつ》である。

団体旅行では扇沢まで観光バスで行き、荷物はバスに置いて、立山まで立山黒部アルペンルートを楽しみ、立山で再び観光バスに乗って宇奈月温泉に行くというコースが多い。このため松本と糸魚川を結ぶ国道１４７号では「立山黒部アルペンルートの旅」などと表示した、客が乗っていない観光バスがたくさん走っている。

大糸線にもなにか目玉になる面白列車が走れば、観光コースに含まれるのではなかろうか。

第九章　9月——おトクな切符で四国鉄道巡礼

1日…鉄道連絡船の就航《しゅうこう》

鉄道連絡船は二つの種類に分けられる。一つは海峡などを渡るためにどうしても船で連絡しなくてはならないもの、もう一つは架橋計画などがあるものの、資金的な問題や難工事が予想されたりすることから、とりあえず連絡船で結んでおいて、先に他の区間を建設するものである。後者の代表的なものに琵琶《びわ》湖《こ》連絡船がある。東京と京都を結ぶ東海道鉄道、現在の東海道線を建設するにあたって、長浜―大津間は琵琶湖に連絡船を就航させて、最後に同区間を開通させた。これは水上連絡船である。

海上連絡船としては、山陽鉄道（現・山陽線）が徳山まで延びた1ヵ月後の明治31年（1898年）9月1日に、徳山―門司《もじ》間に連絡船を就航させ、門司で九州鉄道に接続させていた。当初は瀬戸内海の汽船を借り上げていたが、1年後に自社船2隻《せき》を就航、1日2往復で山陽鉄道の急行列車に接続させた。これは、徳山沖に停泊している連絡船まではいかだで乗客を運んだ。

山陽鉄道が明治34年5月に下関《しものせき》まで開通すると関門連絡船が就航し、徳山―門司間航路は廃止された。国有化後も関門連絡船は半永久航路として就航を続けた。

山陽鉄道では本州・四国航路も明治36年3月に開設、岡山―高松間と尾道《おのみち》―多度津《たどつ》間に2航路を設けたが、岡山からは人力車で旭川の京橋まで、京橋からは河川連絡船で河口の三蟠《さんばん》まで、三蟠からは瀬戸内海航路で高松桟橋《さんばし》まで、そして高松桟橋からはまた人力車で高松駅まで結んだ。

なお、山陽鉄道はこの年の12月に四国の讃岐《さぬき》鉄道（高松―多度津―琴平《ことひら》間）を合併している。

また、山陽鉄道は明治35年には宮島航路、38年1月には関釜《かんぷ》連絡船も就航させている。ただし、宮島には鉄道はなく、片側だけの連絡航路である。

日本鉄道は明治24年9月に青森に達し、北海道鉄道は明治37年10月に函館《はこだて》―小樽《おたる》間を全通させたので、39年に日本鉄道は青函《せいかん》連絡船を直営で運行することを決定したが、すでに国有化も決まっていたので、就航したのは国鉄になって以降の41年3月からである。１４８０トンの大型船で、商船としては初めて蒸気タービンを採用し、最高速力は18ノット、当時としては超高速船であった。

明治43年6月には宇野線が開通、高松でも桟橋まで線路を延ばし、本州・四国間は宇野と高松を結ぶ宇高《うこう》連絡線1本にまとめた。

この他、和歌山と徳島を結ぶ小松島航路や、樺太《からふと》（サハリン）の大泊《おおとまり》（コルサコフ）と稚内《わっかない》を結ぶ稚泊《ちはく》連絡船など、多数の連絡航路が就航した。

貨物については当初は積み替えをしていたが、明治44年3月に、下関側の竹崎と門司側の小森《こもり》江《え》の間で関森《かんしん》航路と称して、はしけにのせて航送するようになった。関森航路では大正8年（1919年）から連絡船にレールを敷き、地上からのレールとドッキングして、直接貨車を積み込

ホバークラフトによる宇高連絡船

むようになった。この方式は宇高連絡線や青函連絡船にも取り入れられた。

関門トンネルの開通で関森航路は廃止されたが、関門航路は昭和39年まで残っていた。

宇高航路では昭和47年（１９７２年）11月からホバークラフトが就航し、所要時間が1時間から23分に短縮された。当時、学生だった筆者は一度は乗りたいと思っていたのだが、結局は安い通常船ばかり利用していた。

青函連絡船もそうだが、船が港に到着するとき、列車に座りたいがために、多くの人が出口に詰め寄せ、下船がＯＫになると列車目指して走るのが常だった。グリーン車や指定席に乗る人ならいざ知らず、当時は自由席が多かったので、大半はダッシュしていた。連絡船という響きはノスタルジーを感じさせるが、いつも利用している人は、到着後の大荷物を持っての短距離競走に辟易《へきえき》していたものだ。

昭和63年に青函トンネルと瀬戸大橋が開通すると、青函連絡船と宇高連絡線は廃止された。しかし、両航路は民間航路、つまりフェリーとして存続している。青函フェリーは高速船になり、青函間を3時間40分で結んでいる。

青函トンネルを走る「スーパー白鳥」は2時間前後と所要時間の差は大きいが、トラックやクルマを運ぶことはできない。また、瀬戸大橋の通行料金は目の玉が飛び出るほど高い。宇高フェリーの航送料金はそれよりも非常に安いし、乗っている間はガソリンを使わずに済む。このため両フェリー航路は盛況である。

宇高、青函の両連絡船がなくなり、JRで正式に連絡船として運航しているのは宮島航路だけとなった。ここはJR西日本が運航しており、「フルムーン夫婦グリーンパス」や「青春18きっぷ」で乗ることができる。

私鉄の連絡船としては、南海本線の特急「サザン」に接続する南海フェリーがある。和歌山港と徳島港を結んでおり、今のところ廃止の話はないが、紀淡《きたん》海峡に橋またはトンネルを建設する構想があるので、これができると廃止になろう。

30日…埼京線《さいきょう》の開通

埼京線は昭和60年（1985年）9月30日に開業した。ただし、正式には埼京線という路線名はない。東北本線の支線、別線線増の扱いで、東北本線に含まれている。しかも、従属する路線でもない。

ただし、別線線増区間は赤羽《あかばね》—大宮間で、池袋—赤羽間は東海道本線に従属する赤羽線である。埼京線電車が直通する山手線も東海道本線の従属線、武蔵野《むさしの》線も同様である。大宮から直通する川越《かわごえ》線は東北本線の従属線である。

山手線内では山手線電車が走る旅客線ではなく、貨物線を走っている。この山手貨物線を埼京線と称することもあるが、湘南《しょうなん》新宿ラインの電車も走っているので、一概にそうともいえない。赤羽線と川越線の大宮—川越間は、埼京線電車と相互直通する「りんかい線」電車しか走らないので、この区間なら埼京線といえよう。

埼京線は当初、通勤新線、あるいは通勤別線と呼ばれていた。東北新幹線を建設するとき、大宮以南で反対運動が起こったので、見返りとして東北新幹線と並行して赤羽—大宮間の通勤路線を建設することで、反対運動を沈静化させたのだ。

この区間では上越新幹線の大宮—新宿間の線路も並行する予定だったので、騒音緩和《かんわ》の目的で緑地帯も並行して設置された。

埼京線が開通したときの使用車両は国鉄設計の１０３系、この車両は騒音対策を施《ほどこ》した新幹線電車よりも騒音が大きく、新幹線だけだったときよりもやかましいと苦情が出た。そこで、国鉄設計ながら国鉄末期に登場した、騒音が小さい２０５系に置き換えられた。

通勤新線として考えられていたときは、大宮から高崎線の宮原《みやはら》まで複々線にして、宮原で高崎線電車と相互直通する予定だった。しかし、埼京線の車庫の用地を川越線沿線に設置したため、川越線と直通運転をすることに変更した。

ただ、大宮—宮原間にはすでに複々線の用地が確保されており、埼京線大宮北側の地下線も複複線で造られ、一方は川越方面、一方は宮原へ行けるように準備されている。さらに赤羽線の板橋、十条《じゅうじょう》と川越線の各駅を除く埼京線の各駅は、高崎線の15両編成が停車できるようにホーム延伸の準備がなされている。

埼京線は開通当初はそれほど沿線の人口密度が高くなかったが、年を追うごとに増大している。首都圏各線の乗車人員の伸びが鈍化《どんか》したり、微減状態になったりしているなか、今でも増加が激しく、10両編成ではまもなく限界になる可能性が大きい。通勤快速はそろそろ15両編成にする必要があろうし、宮原への延伸もしてほしいところである。

運転系統が二つになるのは好ましいと思っていないＪＲは、大宮—宮原間を複々線にしても、一方の線路は京浜東北線の延長運転とするという。しかし、そうするためには京浜東北線の線路と東北・高崎線の線路とを立体交差する必要がある。さてどうなるか、見ものである。

「バースデイきっぷ」で四国へ

ＪＲ四国では「バースデイきっぷ」というものを発売している。ＪＲ四国線内と土佐くろしお鉄道全線が乗り放題で、特急指定席、グリーン車も乗り放題、これで1万円である。しかも同行者も、同一行程なら3人まで1万円で利用できる。通用期間は3日間だ。

これを使わない手はない。筆者は9月生まれなので、毎年とはいかないが、「バースデイきっぷ」で四国を9月に巡ることにしている。

残念ながら「バースデイきっぷ」はＪＲ四国

松山まで延長運転し、松山駅側線に停車中の「サンライズ瀬戸」

の主な駅か、JR四国の旅行センターであるワーププラザ、主な旅行会社でしか購入できない。その旅行会社でも四国近くであれば販売してくれるが、東京となると扱わない。ただしネット購入は可能で、銀行振込確認後、切符が郵送されるようになった。

筆者の場合は、まず東京から「サンライズ瀬戸」を利用する。「バースデイきっぷ」では「サンライズ瀬戸」は利用できない。だが、同列車で岡山の児島《こじま》で降りれば、そこで「バースデイきっぷ」を買うことができる。10分後に高松行の「マリンライナー」、24分後に宿毛《すくも》行の「南風《なんぷう》」、49分後には松山行の「しおかぜ」が児島から発車する。「しおかぜ」だけはグリーン車がないが、宇多津《うたづ》で連結する高松発の「いしづち」にはグリーン車が連結されている。

特急券だけでごろ寝できる「ノビノビ座席」

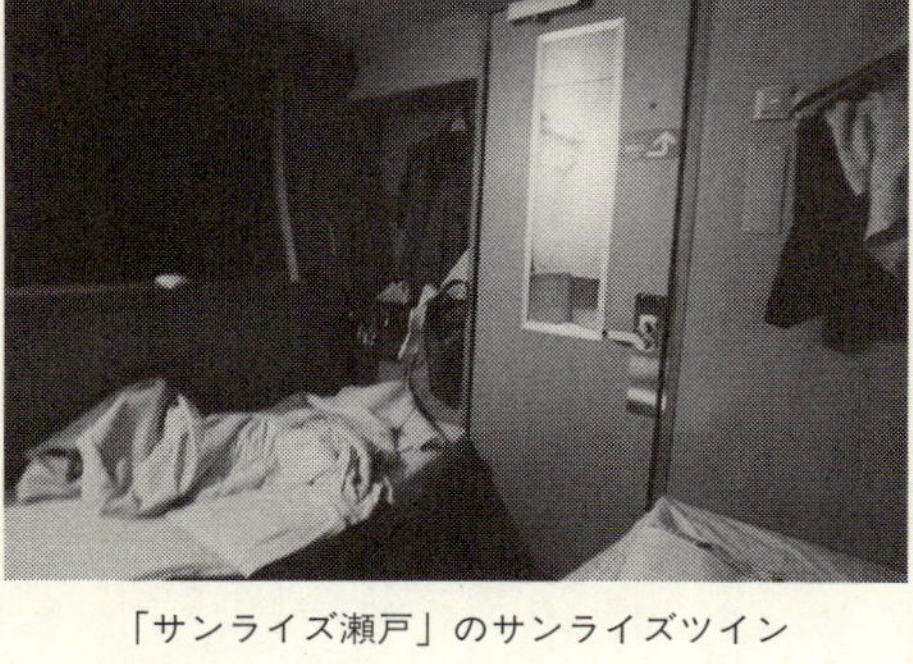
「サンライズ瀬戸」のサンライズツイン

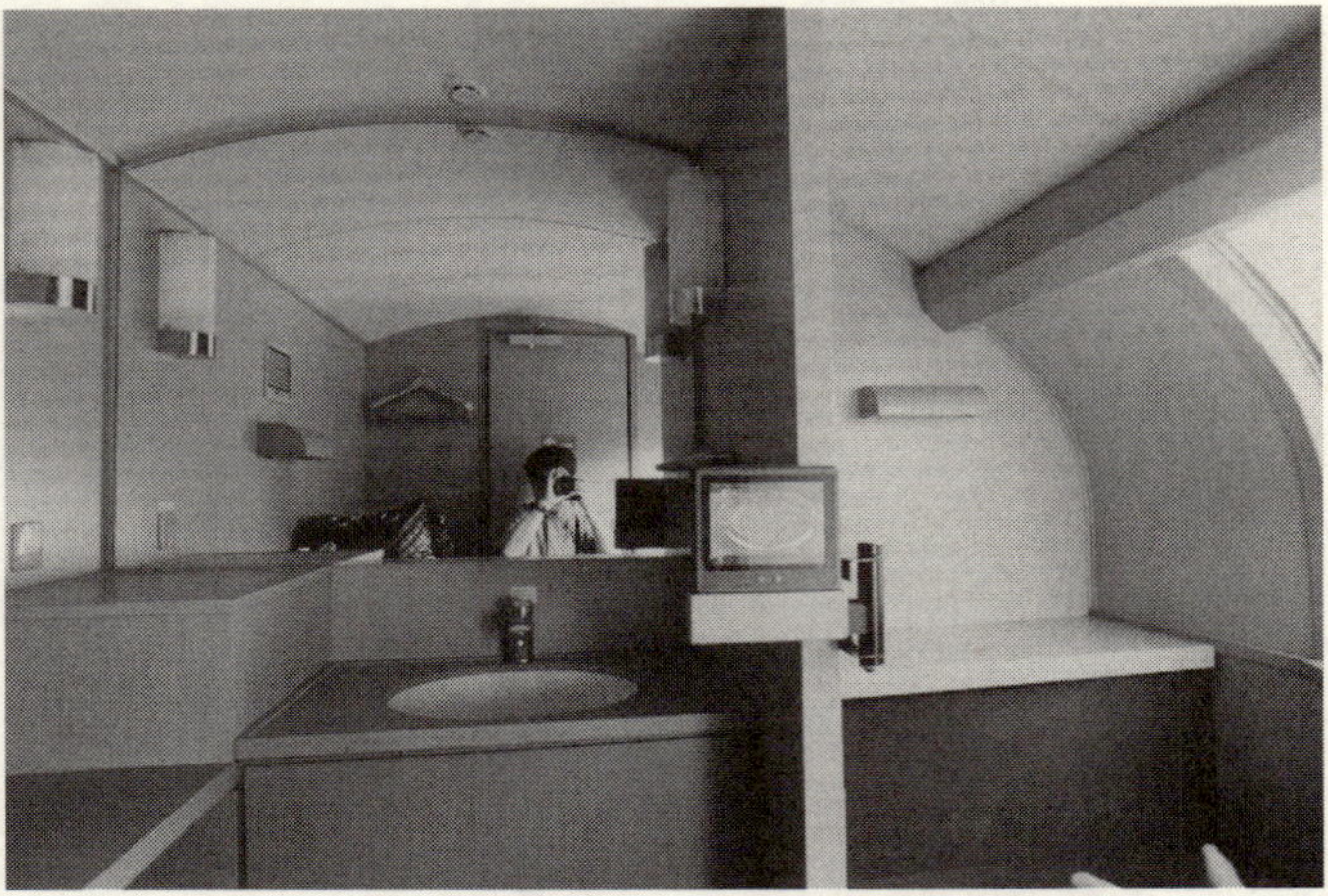
「サンライズ瀬戸」のシングルデラックスは一番のお勧め

というわけで、児島で降りる。「しおかぜ」に乗るとすると時間が余ってしまい、7時頃なのでレストランも立ち食いうどん屋も開いていない。だから「マリンライナー」で坂出《さかいで》まで行って、ここで乗り換えることが多い。坂出の松山・岡山方面のホームには立ち食いうどん屋があり、車内持ち込みもできる。「いしづち」のグリーン車でうどんを食べるのも乙《おつ》である。車内に匂いが立ち込めるが、この時間のグリーン車はガラガラなことが多く、あまり気にしないで済む。

「サンライズ瀬戸」にはかなりよく乗っており、同列車の「ノビノビ座席」以外のすべての寝台個室を利用している。「ノビノビ座席」は横になれるが、個室ではないので敬遠しているのだ。

一番いいのはA寝台1人用個室のシングルデラックスで、車内にトイレはないが、洗面台、ベッドとは別の椅子、机、テレビモニターもある。次が2階のシングルデラックスの下の、1階にあるサンライズツイン。これはB寝台2人用個室で、テレビモニターなどはないがそれなりに広い。B寝台1人用個室のシングルツインも2人使用ができるが、2人で使うと狭いことこのうえない。B寝台1人用個室はシングルとソロがある。シングルのほうがやや広いが、それほど変わるものでもない。

お金に余裕があればシングルデラックスにしたいところである。これにエキストラベッドを追加して2人使用ができるようにしたり、トイレを内蔵したりすれば、もっと人気が出ると思う。

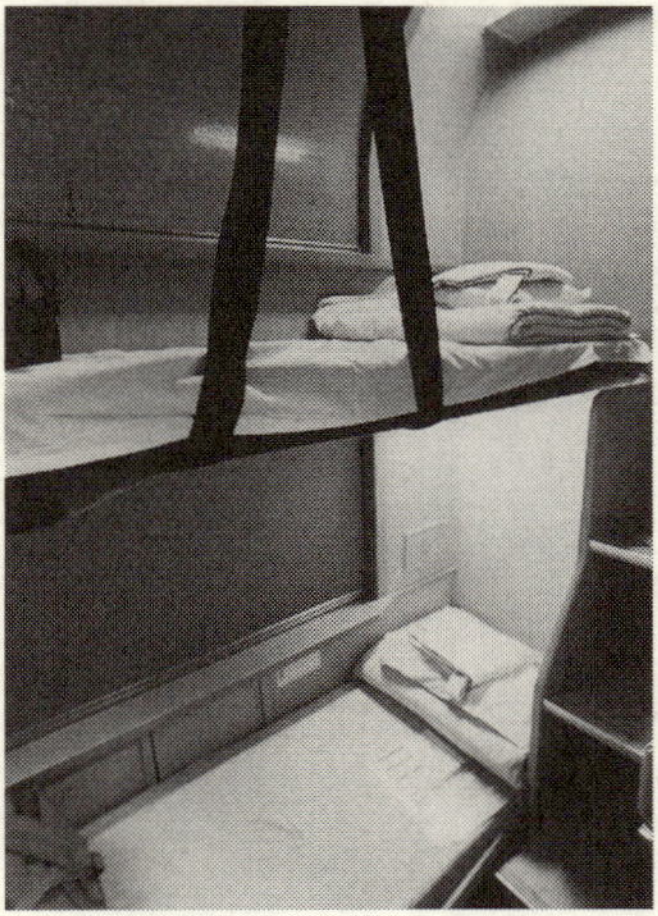

同シングルツイン

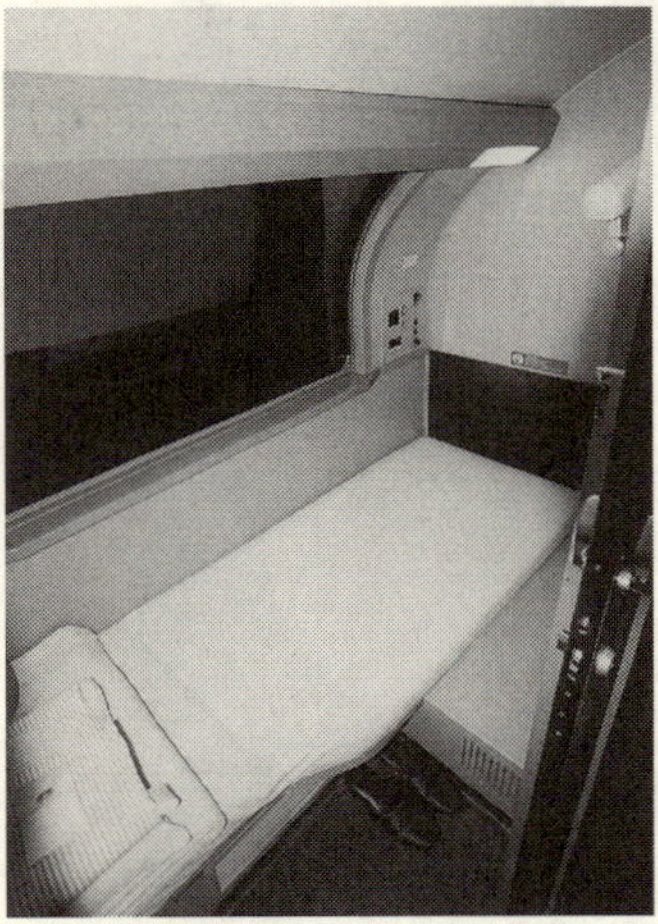

同シングル

土佐くろしお鉄道のオープンデッキ車

〝土佐のピサの斜塔〟

〝土佐の万里の長城〟

妻と「バースデイきっぷ」を利用したとき、一度はサンライズツインにしたが、もう一度はシングルデラックスとソロの組み合わせにし、寝るときだけ一人がソロに移った（当然、筆者がソロを利用させられた）。

土佐くろしお鉄道も利用できるので、同鉄道の阿佐《あさ》線、愛称「ごめん・なはり線」が開通した平成14年（2002年）7月の2ヵ月後にも筆者は訪ねた。お目当てはオープンデッキ車両である。この車両は人気で、やはり途中から団体ツアー客が乗ってきて短距離乗車を楽しんでいた。

阿佐線は開通する前に何度かレンタカーで建設中の線路を調査したし、まだ土佐電鉄鉄道線だった時代にも安芸《あき》まで乗ったものである。この鉄道線の多くの線路用地を、阿佐線は流用してい

土佐電鉄の新形低床路面電車

る。だが、阿佐線が着工されるために鉄道線は廃止され、ここに走っていた元阪神電鉄の小形車も廃車されてしまった。

着工後、二つの大きな高架橋が部分的に造られたが、その前後が造られないまま公団による工事は凍結され、高架橋は雨ざらしのまま何年も放置された。

このうちの一つが、野《の》市町《いちちょう》の国道55号と交差するための、高高架の橋脚《きょうきゃく》である。高くそびえ立つので〝土佐のピサの斜塔〟と呼ばれていた。その前後に高架橋を設置するには費用がかかるので、国道55号との交差は阿佐線が下をくぐることになった。

国道は烏川《からすがわ》とも交差していて盛土《もりつち》になっていたから、その下を地平でくぐるようにし、〝土佐のピサの斜塔〟は撤去された。

伊予鉄道軌道線の低床車と「坊ちゃん列車」。両方とも新車

もう一つは、あかおか駅から香我美《かがみ》駅の間にある高架橋で、これも〝土佐の万里の長城〟と呼ばれていた。これはそのまま利用された。

これらを開通するずっと前から見続けていたので、初めて営業列車でその区間を走ったりして、感慨もひとしおであった。

高知には土佐電鉄があり、外国から輸入した中古の路面電車や低床の新形路面電車が走っている。また、松山の伊予《いよ》鉄道市内線には蒸気機関車もどきのディーゼル機関車とマッチ箱のような客車、つまり「坊ちゃん列車」が走り、こちらにも低床の新形路面電車が走っている（180ページ参照）。いずれも新車であるところが面白い。

さらにこの頃では貴重になった直角平面クロス区間が、JR松山駅西側の伊予鉄道大手町駅

伊予鉄道軌道線と鉄道線とは平面クロスしている

にある。鉄道線と路面電車線が平面クロスしているのである。そこを走るときの通過音にはなんともいえない懐《なつ》かしさがある。筆者が育った阪神間では、阪急神戸線と今津《いまづ》線とが平面クロスをしていたり、京阪電車は大阪市電や京都市電と、山陽電車は神戸市電と平面クロスしていたりしたので、そこの通過音を思い出させるのである。

とにもかくにも、誕生日月には四国を巡り、JRだけでなく私鉄にも乗ってみることをお勧めしたい。

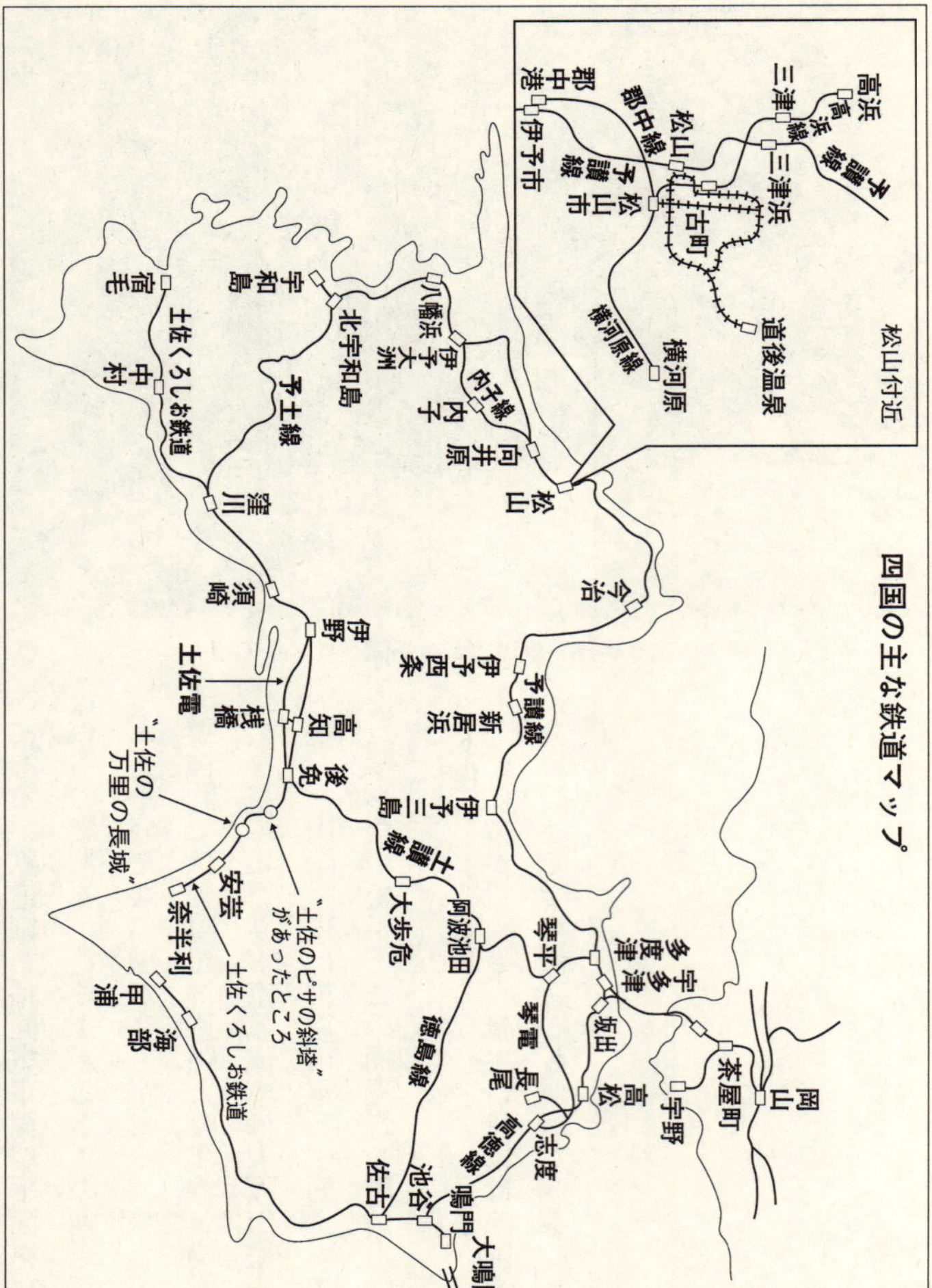
四国の主な鉄道マップ
松山付近
高浜
高浜線
予讃線
三津
三津浜
郡中港
郡中線
松山
伊予市
予讃線
松山市
古町
道後温泉
横河原線
横河原
宇和島
宿毛
土佐くろしお鉄道
中村
北宇和島
八幡浜
伊予大洲
予土線
内子線
内子
向井原
松山
窪川
須崎
伊野
土佐電
今治
伊予西条
予讃線
新居浜
高知
桟橋
後免
伊予三島
土讃線
"土佐の万里の長城"
"土佐のピサの斜塔"があったところ
安芸
奈半利
土佐くろしお鉄道
甲浦
海部
大歩危
阿波池田
琴平
多度津
宇多津
坂出
琴電
高松
長尾
岡山
茶屋町
宇野
徳島線
高徳線
志度
池谷
鳴門
佐古
大鳴門橋
淡路島

第十章　10月——東海道&北陸新幹線、スピード化のドラマ

14日…鉄道の日

新橋—横浜間が明治5年（1872年）10月14日に開通したので、この日を「鉄道の日」としている。国鉄分割民営化前は鉄道記念日と呼んでいた。なにゆえ、これを鉄道の日などという、あいまいな呼び方にしたのか疑問である。おそらく国土交通省あたりが一般受けすると思って、鉄道記念日としたほうがシャキッとしていいと思うのである。鉄道の日としたのだろうが、そんなことをする前に鉄道をもっと発展させるような対策をとるのが筋というものであろう。

さて、新橋—横浜間が開通する前、つまり、日本に鉄道が導入されるにあたっては、いろいろな物語がある。

鉄道というものを日本が知ったのがいつかは定かではない。しかし、鎖国中の弘化《こうか》3年（1846年）にオランダ通詞《つうじ》によって書かれた『別段風説書《べつだんふうせつがき》』という書物に「フランスがパナマに鉄道を敷設《ふせつ》する」という記事がある。また、嘉永《かえい》7年（1854年）にペリーが鉄道模型を持ってきたのは有名で、その後、鉄道とはどういうものかが幕府や知識人などに広まっていった。長崎でのデモンストレーションも行われた（118ページ参照）。

日本で最初に鉄道を敷設しようとしたのは薩摩《さつま》藩である。京都—大阪間に建設しようとして、慶応《けいおう》2年（1866）年に幕府に出願している。幕府自身も江戸—横浜間の鉄道建設を構想した。慶応4年にはアメリカの神戸駐在領事に勧められて、土佐藩士の一人が大坂（大阪）―神戸間の鉄道建設を構想したりした。しかし、これらは幕末の混乱で実現しなかった。

ただし、アメリカ公使館員ポートマンによる江戸―横浜間の鉄道敷設に対して、幕府老中小笠原長行《おがさわらながみち》が免許を与えていた。これは王政復古によって無効になったものの、国際慣習に従えば明治政府がこれを引き継いで免許を与えなくてはならない。この免許状は責任の所在がはっきりと記されていなかったために政府は拒否したが、それでも執拗《しつよう》に承認を求めてきた。

そこで、政府自ら鉄道を建設することになり、イギリスの手助けを受けながら明治2年に「（鉄道の）自国管轄《かんかつ》方針」を示して、諸外国に認めさせた。

だが、日本に鉄道建設の技術はなかった。そこに目をつけたのがイギリス人レイである。レイは資金提供を申し入れてきた。さらに資材などの調達もすることになったが、あまりまともな人物ではなく、安く仕入れて法外な利ざやを稼《かせ》ぐつもりでいた。そのためゲージを標準軌ではなく、南アメリカなどで採用されている狭軌1067ミリにし、機関車も小ぶりなものにした。

よく、日本は国土が狭いから狭軌のほうがいいということで採用されたといわれるが、事実はこのようなことであったと思われる。それに大隈重信《おおくましげのぶ》らはゲージの意味を理解しておらず、勧められるままに狭軌採用を許可したというのが本当のところである。

その後、レイは胡散臭《うさんくさ》さがバレて解雇されるが、彼が発注した中古や注文流れ品の機関車、客車、貨車、レールなどで、栄光ある日本初の鉄道、新橋―横浜間は開通したのである。

やがて、標準軌規格の車両より小さい規格だったので、輸送力不足が露呈《ろてい》した。とくに日露戦争での兵員機材輸送のとき問題になった。これに関しては、ゲージは狭いが標準軌と同じ車体にしても問題がないということで、現在の車体幅2800ミリ、車体長20メートルの客車ができ、電車や気動車にも採用された。アメリカの横断鉄道が、標準軌であっても車体はヨーロッパより一回り大きくできた技術を、狭軌に応用したものといわれる。

南満州鉄道ではアメリカの大陸横断鉄道とほぼ同じ規格を採用し、日本でも弾丸列車の計画や、新幹線にも採用された。

狭軌の日本でも、車両規格は標準軌のヨーロッパとほぼ同じなのはこのためである。

18日…四国初の鉄道伊予《いよ》鉄道開通

明治25年（1892年）6月の、幹線鉄道を敷設するために公布された最初の鉄道敷設法において、四国では琴平《ことひら》―高知―須崎《すさき》間、徳島から前記路線に接続する鉄道、多度津《たどつ》―今治《いまばり》―松山間の3本の予定線が取り上げられた。

多度津―琴平間がないのは、讃岐《さぬき》鉄道が明治21年2月にすでに開通させていたからである。その讃岐鉄道よりも7ヵ月前の明治21年10月18日に、伊予鉄道が松山外側―三津浜《みつはま》間を開通させていた。松山外側駅はのちに松山駅と改称、その後、国鉄が予讃《よさん》線を開通させると松山市駅に改称して現在に至っている。

同区間は軌間762ミリの蒸気鉄道だった。伊予鉄道は東京馬車鉄道、日本鉄道、阪堺《はんかい》鉄道、両毛《りょうもう》鉄道に次いで、日本で5番目に開業した私鉄である。もちろん四国で最初の鉄道である。

伊予鉄道は予想以上に営業成績がよく、これに刺激されて松山周辺では道後鉄道と南予鉄道が762ミリ軌間の蒸気鉄道として発起された。道後鉄道は認可され、明治28年8月に松山の繁華街の一番町から道後まで開通した。南予鉄道も松山―郡中《ぐんちゅう》港間を明治29年7月に開通している。両鉄道は伊予鉄道と明治33年5月に合併した。

ところで、夏目漱石の小説『坊ちゃん』に書かれている「マッチ箱のような汽車」というのは、道後鉄道の客車ではない。最初に松山に来るときに乗った伊予鉄道の客車である。

道後鉄道のほうは「(温泉は)城下から汽車だと十分ばかり」と書かれているが、ここでは「マッチ箱」みたいなということは書かれていない。まあ、伊予鉄道と同じ木造4輪単車の762ミリ軌間の客車だから似たようなものではある。それに道後によく行ったのだから、道後鉄道の蒸機列車を「坊ちゃん列車」といってもいいといえる。

伊予鉄道は明治25年1月に三津浜から高浜まで延長、大阪からの連絡船は、三津浜港から高浜港に移った。これによって三津浜港が衰退《すいたい》したので、三津浜港の人々は松山電気軌道を発起し、

松山市駅に進入する「坊ちゃん列車」の増備車。
外見は蒸気機関車だが実際はディーゼル車

軽快な電車によって道後と三津を結ぼうとした。明治39年9月には軌間1435ミリの標準軌で特許を取得した。

これに伊予鉄道が反応して、古町《こまち》—道後間と一番町—道後間を電化、軌間も1067ミリに改軌することにした。

着工は松山電気軌道が先だったが、改軌・電化完成は伊予鉄道のほうが早かった。伊予鉄道の電化完成は明治44年8月8日、松山電気軌道の開通は23日後の8月31日だった。

松山電気軌道の挑戦により、道後への非電化路線が真っ先に電化されたので、いわゆる「坊ちゃん列車」は16年間しか走ってはいなかったのである。その後、両社は合併して、現在の伊予鉄道になり、松山電気軌道の路線は狭軌化された。

「坊ちゃん列車」の車内からは景色が見えにくい

さて、松山市の拡大に伴い、「坊ちゃん列車」が走っていた区間は一部ルートを変更のうえ、路面電車となった。

2001年には「坊ちゃん列車」を再現することになり、機関車1両、客車3両が新製された。しかし、今さら蒸気機関車を新製するわけにもいかない。蒸気機関車は効率が悪く煙公害のもとである。そこで機関車はディーゼル車にしたが、格好は蒸気機関車を再現して、劇場用に開発された無害な煙や、加湿器による水蒸気を出すようにした。

営業を開始すると乗客が殺到、このため乗車区間を短くして乗れるチャンスを増やしたが、すると逆に「もっと長く乗りたい」という要望が出た。そこで翌年に機関車と客車を増備し、2列車運行で乗車区間も長くするようにした。

客車は当時の木造4輪単車を忠実に模しているが、連結面の側面に窓がなく、眺望は今一つである。忠実に再現するのもいいが、少しは眺望をよくしてほしいものである。改造すればそれは可能だ。

ディーゼル機関車だが発電機がないので、ときどきビューゲルという集電器で電気を架線からとっている。また、終端部では機関車を付け替えるが、ターンテーブル（転車台）がないので油圧ジャッキで機関車を持ち上げ、人力で方向転換している。

さらに、2001年には低床の新形路面電車も導入されており、途中で「坊ちゃん列車」とすれ違う（170ページ写真参照）。格好はまったく違うが、いずれも新形車両であるところが面白い。

1日…東海道新幹線の開業

東海道新幹線は昭和39年（1964年）10月1日に開業した。「夢の超特急」と呼ばれ、この成功を受けて、世界各国で超高速鉄道が開通していった。

「超」をつけたのは、高速鉄道という用語は専用の線路を走る路面電車よりも速い鉄道、すなわち最高速度時速100キロ程度のものに使うからである。200キロで走る東海道新幹線は、超高速鉄道というべきものだったのだ。

東京―大阪間は在来線特急により6時間半で結ばれており、最高速度は110キロであった。

モデル線の基地があった鴨宮《かものみや》で艤装《ぎそう》中のA編成試作車

そこを東海道新幹線は最高速度２１０キロ、３時間で結ぶとしていたのである。

ただし、開業時は路盤が固まっていなかったので徐行運転箇所があり、東京—大阪間の所要時間は4時間だった。1年後に新幹線電車が走ることによって路盤が固められ、徐行も解除されたが、当初の計画にはなかった京都にも停車したため、所要時間は3時間10分となった。

最高速度は２１０キロだが、所要時間を算出する速度は２００キロ、10キロ分は余裕の速度にしていた。２００キロ走行で停車駅を1駅増やしても、計算上は3分弱遅くなる程度である。また、余裕時間は下りで11分30秒、上りで9分30秒もあった。余裕時間をなくせば3時間で走れるが、そうもいかない。それに当時は所要時間がわかりやすいように10分単位にする習慣があったので、3時間10分としたのだ。

京都駅の前後には急カーブがあるから、京都を通過したとしても、2分程度の短縮にしかならなかった。結局は京都に停車してほしいという急な政治的圧力に屈した国鉄が、「京都に停車したから3時間10分になってしまった」と、他人《ひと》のせいにして言い訳したのだといえよう。

ところで、近年開業した新幹線では、路盤が固まっていないからまずは徐行運転をして路盤を固める、ということはなくなっている。ほとんどが高架橋やトンネルなので、盛土《もりつち》高架はほとんどないからである。

東海道新幹線では他の手段もとったが、それでも列車運転によって路盤が固まることに期待した。もちろんこれは開業してからの話となるわけだけれども、ほんのわずかな距離だが、開業前に営業列車によって路盤を固めたところがある。

「開業前に営業列車が走るはずはない。試運転列車だろう」と思われがちだが、速度は遅かったものの、開業前に運賃を払って東海道新幹線に乗ることができた区間があったのだ。筆者もそこを何度も乗っている。

それは、京都―新大阪間で阪急京都線と並行する区間である。

盛土の新幹線ができると踏切の見通しが悪くなる。そこで新幹線と並行する区間は阪急も盛土の高架にすることになったが、高架化する場合は仮線が必要になる。ちょうど新幹線の盛土路盤が完成しており、阪急も新幹線もレールの幅は同じだから、新幹線を仮線として用いたのだ。だから、新幹線の路線に初めて乗った一般の人は、阪急京都線の乗客なのである。最初はノロノロ運転だったが、そのうち110キロで走るようになった。

さて、東海道新幹線は20年間、3時間10分で走っていた。しかし、東北・上越新幹線が240キロ運転を昭和60年3月に開始することになったので、老舗《しにせ》の東海道・山陽新幹線もスピードアップをすることにした。東海道新幹線では名古屋、京都の停車時分を2分から1分30秒にし、余裕時間も1分切り詰めて3時間8分にしたが、これではスピードアップとはいえない。

そこで、昭和61年11月の国鉄最後のダイヤ改正で、東海道・山陽新幹線は最高速度を210キロから220キロに引き上げ、3時間8分から2時間56分と12分の短縮を実現した。最終の「ひかり」は遅れてもダイヤを乱さないことから、余裕時間を削って2時間52分ともした。

とはいえ、わずか10キロの時速アップでは、12分も短縮できるものではない。実際には、最高速度は20キロアップしていた。

それまでのATCでは、監視できる速度の限界は210キロだが、精度が甘かった。ゆえに、出せたとしても205キロ程度までで、通常は200キロで走っていた。

その後、速度計の精度が向上し、209キロを出してもATCによるブレーキがかからなくなった。そこでATCの監視速度を225キロに引き上げつつ、余裕速度を10キロから5キロに抑えて、通常走る速度を220キロとしたのである。だから実質的には20キロの速度向上だったのである。

「のぞみ」は最高速度を270キロにした。東北新幹線「はやて」「こまち」は最高速度275キロだから東北新幹線のほうが5キロ速いと思われがちだが、東北新幹線の275キロはATCによる監視速度を指している。「のぞみ」は所要時間計算の基準となる270キロを最高速度としているが、ATCの監視速度は275キロなので、いずれも実質的な最高速度は同じである。

最高速度は270キロだが、東海道新幹線は新幹線としてはきついカーブが多く、そこでは255キロ（ATC監視速度は260キロ）しか出せない。270キロを出すと乗り心地が非常に悪くなるのである。

そこで現在、主流の700系を改良したN700系が試作されている。この車両は車体を傾斜させて遠心力を緩和《かんわ》し、急カーブでの乗り心地をよくしながら、270キロで走れるようにしたものである。これによって5分弱、所要時間が短縮される。また、山陽新幹線では500系と同じ300キロで走れるようになる。

ならば東海道新幹線でも、現在270キロで走っているところを300キロで走ればいいではないか、とよくいわれている。たしかに300キロ運転をすればさらに10分弱短縮できる。

しかし、当面、東海道新幹線では300キロ運転は行われない。現在は品川駅ができ、同駅や新横浜に停車する「のぞみ」が多く、当初2時間半で走っていた「のぞみ」も2時間35分程度に所要時間が延びている。まずはこれを2時間半に戻したいためと、一定の速度で走ると消費電力が少なくて済むからである。

　300キロ運転を行って東京―新大阪間を2時間20分で走るのもいいが、そうすると「のぞみ」より速い列車が必要になるし、品川、新横浜は通過となり、料金体系も変えなくてはならない。「ひかり」をナンバー2の列車に格下げしたように、今度は「のぞみ」をナンバー2にして新たな列車を設定することになる。

　その場合の列車名は、日本が中国大陸で経営していた南満州鉄道の看板列車「あじあ」号になる可能性がある。「のぞみ」も南満州鉄道のナンバー2の列車名だったからである。また、今は使用されていない「はと」を復活させるという噂《うわさ》もある。

　しかし当面、300キロ運転はしないので、新たな列車名も使われない。おそらく「こだま」を除く列車がすべてN700系になれば300キロ運転が行われ、すべての「のぞみ」も2時間15～20分程度にスピードアップされよう。

1日…北陸新幹線の開業

　通称長野新幹線、正式名称北陸新幹線の高崎―長野間は、平成9年（1997年）10月1日に

開業した。整備新幹線で最初に開業した路線である。

北陸新幹線の中でも高崎—軽井沢《かるいざわ》間は、国鉄時代の最後に開通した上越新幹線の次に開業させることが考えられていた。

すでに高崎には北陸新幹線との分岐合流用の準備設備があったし、また、ルートをいろいろ選定した結果、30‰《パーミル》の急勾配《こうばい》で進むのが、建設距離、走行速度を考慮すると一番いいとされた。だが、東海道新幹線0系では30‰の勾配で停止すると起動できない。東北新幹線の200系であっても起動加速度は小さい。そこで、30‰の急勾配でも一定の起動加速度を発揮し、上り勾配でそれなりに高速運転ができて、下り勾配でも問題なくブレーキがかかる車両を開発することになった。

この開発過程で、平坦《へいたん》線で余裕を持って270キロで走れることが確認され、その開発ノウハウは東京—新大阪間を2時間半で結ぶ東海道新幹線の「スーパーひかり」構想に引き継がれて、「のぞみ」用300系が誕生している。

北陸新幹線用としては、JR東日本のE2系が造られた。E2系電車は、上越新幹線と北陸新幹線の分岐部にあるポイントを、分岐側でも160キロで通過できる。ここで加速し、北陸新幹線の最高速度である時速260キロに達する。

しかし、30‰の上り勾配になるので、スピードが落ちないよう、モーターに電流を目いっぱい

30‰の急勾配を走る長野新幹線電車。安中榛名駅付近にて

流す。それでもスピードは落ち、途中にある安《あん》中榛名《なかはるな》駅では240キロ、登りきった軽井沢手前では180キロとなる。軽井沢は通過線と停車線に分かれていない、新横浜と同じ構造の駅だが、安全柵《さく》がないため110キロで通過する。

この先は30‰の下り勾配なので、通常よりも加速がいい。しかし、下り勾配で260キロを出すのは危険なので、下り坂で加速する力とブレーキ力の釣り合いをとって、210キロの一定のスピードで走るようにしている。

東北・上越新幹線は金に糸目をつけず、贅沢《ぜいたく》な造りで開業したが、分割民営化後はできるだけ建設費を抑えることが課題となった。このため各駅は簡素な造りになっており、規格外の30‰の勾配、規格外の急カーブも上田付近にある。緩《ゆる》いカーブにすると建設費がかさむためだ。

その後の東北新幹線盛岡―八戸《はちのへ》間でも、駅は小ぶりに造られた。しかし、東北新幹線は東京―札幌間を結ぶ目的があるので、同区間では規格外の急勾配、急カーブは皆無で、260キロ運転ではオーバーカントとなる200ミリのカントがつけられている。カントとは2本ある左右のレールの高低差のことで、カーブにこれがあると車体は、ちょうどオートバイのようにカーブの中心に向かって傾き、乗り心地がよくなる。東北新幹線ではこの高低差が260キロではなく266キロに合わせてあり、これをオーバーカントという。

東北新幹線の試作車FASTECH360では車体自体も傾けるので、カントと合わせると320キロで遠心力との釣り合いがとれ、360キロでも乗り心地上許される遠心力の値(0・08G)に収まる。360キロで走ると、東京―札幌間の所要時間は3時間50分を切る。東京―札幌間は距離が長く、新幹線と飛行機の利用の分かれ目は3時間でなく3時間半になるので、新幹線でも充分競合できるようになる。

北陸新幹線は長野以北も工事中である。しかし、飯山《いいやま》の先の飯山トンネルにはやはり30‰の連続上下勾配があるので、360キロでは走れない。日本海側に出ると、通常の規格になるので、360キロを出せるようになる。東京―新大阪間は3時間20分弱で結べるとしている。

東海道新幹線の「のぞみ」に比べるとずいぶん遅いが、大宮などから大阪に行くには北陸新幹線でもいいことになる。このため、北陸新幹線を第二東海道新幹線にしようとする構想もあるのである。

紅葉《もみじ》狩り列車の季節

10月は紅葉の季節なので、紅葉狩り列車が走る。日帰りハイキングに合わせたものと、1泊を想定しているものとがある。

前者で首都圏から出る毎年代表的なものは、快速「川崎―奥多摩ハイキング」号である。川崎からは武蔵小杉《むさしこすぎ》、武蔵溝ノ口《みぞのくち》、登戸《のぼりと》だけに停車する快速として、青梅《おうめ》線も青梅まで快速運転、青梅からは山の中を走るので各駅停車となる。

使用車両は通勤電車を改造した展望形電車「四季彩《しきさい》」という車両である。この車両はクロスシートで、一部は窓に向かって座席があるので、車窓からダイレクトに紅葉を楽しめる。

一泊用としても、いろいろなジョイフルトレイン（団体専用列車）に使用されている。2003年には特急「あずさ」に使用されたが、「あずさ」がすべて新形になったので不要になった旧形車両を改造した、「彩野《あやの》」という車両を使った快速「やすらぎの日光」号は、新宿や平塚、千葉から走った。

関西でのハイキング用は、電車区間を走る快速用が転換クロスシートの車両なので、それを使

201系を改造した「四季彩」の車内

えばよく、特別な車両は使用されない。

一泊用としては、阪和《はんわ》・紀勢《きせい》線に快速「きのくにシーサイド」号を走らせている。客車に旧式グリーン車で廃車になったグリーン座席を流用して向かい合わせ4人ボックスとし、中央に大型テーブルを置いた車両を3両、これにフリースペースのハイデッカー展望車と機関車を連結している。北海道の「流氷ノロッコ」号と同様に客車後部に運転台を設置して推進運転を行い、機関車の付け替えはしない。

ハイキングがてら、これら臨時列車に乗るのも乙《おつ》なものである。

第十一章　11月——北海道初のＳＬを再び走らせる夢

28日…官営幌内《ほろない》鉄道の開通

北海道初の鉄道である官営幌内鉄道は、明治13年（1880年）11月28日に開業した。区間は手宮《てみや》―札幌間である。

明治2年、政府は北海道に開拓使なる官庁を設置した。開拓使は北海道の開発案をアメリカ人ケプロンに依頼し、ケプロンは幌内川上流の炭田を開発すべきとして、幌内―室蘭《むろらん》間の鉄道敷設《ふせつ》を主張した。ところがケプロンの次に調査したライマンは「幌内―幌向太《ほろむいぶと》（江別《えべつ》付近）間のほうが距離が短いので建設費が安く済む。幌向太からは水運によって石狩《いしかり》川を下り、小樽《おたる》港で大型船に積み替えをしたほうがいい」と提案し、これが採用された。

そこでアメリカ人鉄道技師のクロフォードを招き、測量などが行われた。クロフォードはアメリカの鉱山鉄道などに採用されている3フィート（914ミリ）軌間を勧めたが、日本側は将来、他の鉄道と接続することは必至ということで、1067ミリの日本標準軌間を採用した。

また、クロフォードが調査してみると幌向太付近は湿地帯だったので、ここから水運に頼るのはやめ、思い切って札幌を経て小樽まで鉄道を敷いたほうがいいと提案、これも採用されて明治13年1月に着工、1年に満たないわずかな期間で11月に小樽（手宮）―札幌間が開通したのだ。

本州の鉄道はイギリス式なのでホームが設置されていたが、北海道のこの最初の区間ではアメ

手宮駅跡に設けられた小樽交通記念館

リカ式にホームがなく、車両のステップで乗り降りする方式だった。また、雪などを避けるために、機関車を除く列車全体を覆《おお》う屋根が設置された。

明治15年6月には札幌―江別間が、11月には幌内までも開通した。その後、幌内鉄道の経営は芳《かんば》しくなくなり、明治22年12月に幌内炭鉱などとともに北海道炭礦《たんこう》鉄道に払い下げられた。そして室蘭線などが北海道炭礦鉄道によって開通された。

明治39年10月、これらは再び国有化され、その後、小樽―岩見沢間が函館《はこだて》本線に編入されることになるが、元の小樽は南小樽と改称され、小樽築港《ちっこう》までは貨物線となった。なお、南小樽―小樽築港間は函館本線と並行し、大正元年（１９１２年）～昭和18年（１９４３年）と、

小樽築港線跡はレールを残したまま遊歩道になっている

昭和23〜37年には旅客列車も走った。

手宮の貨物扱いは室蘭、函館に次いで多かった。しかし、小樽新港の整備と、炭鉱のほぼ全面廃止によって貨物扱い量は激減し、廃止されてしまった。

手宮駅跡地には「小樽交通記念館」が置かれており、記念館内の線路を蒸気機関車が走っている。さらに手宮線の跡地もあり、一部は遊歩道となっている。この遊歩道にはそのままレールが残されている。廃止後の手宮線を利用して蒸気機関車を走らせようという運動や、観光LRT線にしようとする構想があり、いつでも対応できるように残しているのである。

岩見沢—幌内間、それに途中の三笠から分岐して幾春別《いくしゅんべつ》までの路線は幌内線として存続したが、これも昭和62年7月に廃止された。しかし、路盤は残っているし、三笠付近には一部レールもそのまま残してある。旧幌内駅跡と一部三笠駅跡は三笠鉄道村となっており、三笠駅にも静態保存の車両がある。三笠鉄道村の敷地内では保存蒸気機関車も走っているが、これらを使って旧三笠駅まで蒸気機関車を走らせようとする構想があり、そのためにレールをはがさずに残しているのである。

もしかしたら、手宮から幌内まで、小樽交通記念館に保存されている北海道初の蒸気機関車「しづか」号が走るかもしれない。それほど難しいことではなく、その夢が実現することを願っている人は多い。

3日…京成電気軌道の開業

京成電鉄の前身、京成電気軌道が、大正元年（1912年）11月3日に押上《おしあげ》―江戸川仮駅間を開業した。京成の「京」は東京、「成」は成田で、東京と成田を結ぶ電気鉄道として設立されたが、成田は人口が多いわけでなく、東京からも遠いために、京王電気軌道のケースと同様に部分開業を繰り返しながら開業せざるをえなかった。

明治の終わりから大正の初めにかけて、私設電気鉄道ブームがあった。私設電鉄で高い収益が期待できるのは、都市間を結ぶ路線か、社寺参詣《さんけい》を当て込んだ都市と社寺を結ぶ鉄道である。京成電鉄は後者の路線として発起された。

かつて、成田山新勝寺《しんしょうじ》へ向かう鉄道としては成田鉄道があり、佐倉《さくら》で総武鉄道と接続して参詣客を輸送していた。また、当時は発起だけして鉄道敷設免許を取得し、その免許を既存の鉄道に高く売るという、未開通の鉄道会社が多数あったのだが、業績がよかった成田鉄道は、未開通線だった関東鉄道（今の関東鉄道とはまったく関係がない）を買収し、成田から日本鉄道海岸線（現・常磐《じょうばん》線）の我孫子《あびこ》までも開通させた。

東京から成田へのルートが二つできたわけだが、日本鉄道経由のほうが距離が長くて儲《もう》けが多いため、成田鉄道はこちらを利用させるような方策をとった。そこで総武鉄道といろいろと対立したりした。結局、成田鉄道も総武鉄道も日本鉄道も国有化され、サービス合戦には終止符が打たれたのだが、その後はただ漫然《まんぜん》と列車を走らせるだけとなっていた。

ここに高速電車を頻繁《ひんぱん》運転で走らせれば、かなりの乗客を確保できることになる。そのため本《ほん》田貞次郎《だていじろう》、利光鶴松《としみつつるまつ》などの東京市街鉄道系とその他2グループ、計3グループが、東京―成田間の電鉄特許をそれぞれ申請した。これら3グループは結局合同し、京成電気軌道として、押上―成田間とその途中から佐倉駅までの分岐支線を明治40年（1907年）に取得した。

しかし、日露戦争後の不景気で資本金が集まらず、会社の設立は明治42年になってしまった。しかも予定の資本金を半分に減額しての設立である。

成田まで一気に開業させることはできなかっただけでなく、江戸川を渡る資金もなかったた

京成発祥の地、柴又はあの「寅さん」とも縁が深い

め、押上―市川間を建設、大正元年には金町と柴又《しばまた》の間を結んでいた帝釈《たいしゃく》人車軌道を買収し、途中の曲金《まがりかね》（現・京成高砂《たかさご》）から柴又までの支線を追加して、これらを開通させた。

人車軌道とはそのものずばり、人が車両を押して営業する軌道である。市川まで開通したといっても、前述のように江戸川を渡れず、江戸川西岸に江戸川仮駅を設置して、市川へは連絡船、要するに渡し舟で連絡していた。

つまり、成田山新勝寺への参詣客輸送ではなく、柴又帝釈天への参詣客輸送をまず当て込んだのである。京成電気軌道の軌間は東京市街電車と同じ1372ミリ、買収した帝釈人車軌道の軌間は610ミリ（2フィート）だったので、改軌と電化を開通後ただちに行った。その後、参詣客輸送で収益が上がったので、その後、江戸川架橋を行うとともに、部分開業を繰り返して大正4年には中山まで達した。この付近では総武線がほぼ並行している。京成は電車の強みである頻繁運転と高速運転により、総武線の乗客を相当奪った。

これに味を占めた京成は、成田への延長を後回しにして、千葉への延長を画策《かくさく》、大正5年に船橋、10年に千葉に達した。千葉では国鉄よりも市の中心部に駅を設置した。

その後、津田沼《つだぬま》で分岐して成田への路線に着工、大正15年12月24日に成田花咲町《はなさきちょう》仮駅まで開通させて、初詣《はつもうで》の参詣客輸送を行った。

国鉄はこの動きに対して、成田付近の職員だけは戦々恐々としていたが、中央はあまり猛威を感じておらず、少々のスピードアップと臨時列車の運転を行っただけだったので、完敗した。

京成は千葉に寄らずに成田と東京を一直線に結んでいたので、所要時間ははるかに短く、当然、運賃も安かった。しかし、京成にも弱点があった。押上には東京市電が連絡していたが、当時の東京市街地の端にあり、しかも「東京名物（市電の）満員電車」と呼ばれるほど混んでいた。ゆったり成田に行くなら国鉄とされていたのである。

京成は押上以外の地にターミナルを設置し、向島《むこうじま》から分岐する白鬚《しらひげ》線を開通させて、ゆくゆくは王子電車（現・都電荒川線）に直通させるとか、押上から浅草に延伸するといった策を考えたが、浅草延伸は東武に先を越されてしまった。

そこで、地方鉄道免許を持ちながら開通させずにいた〝幽霊私鉄〟の筑波《つくば》高速度電気鉄道を合併し、同鉄道が取得していた上野公園―日暮里《にっぽり》―田井《たい》村（現・筑波町）の免許を活用して、青砥《あおと》―日暮里間を昭和６年（１９３１年）に、日暮里―上野公園（現・京成上野）間を８年に開業させた。

これで利用しやすい上野をターミナルにできたが、昭和20年代後半には、さらに都心直通を目指した。これは大阪市ほどではないにせよ、やはりモンロー主義を持つ東京都交通局に阻止されたが、東京都交通局が初の地下鉄、しかも都市計画における地下鉄１号線（都営浅草線）を建設することになったので、これに京成が押上から相互直通、さらに同様の都心乗り入れ計画を持つ京浜急行が品川から泉岳寺《せんがくじ》まで建設のうえ、泉岳寺から相互直通することにした。

京成は１４３５ミリに改軌して、昭和35年12月４日に都営地下鉄と相互直通を開始した。日本初の地下鉄と郊外電車との相互直通である。

都心直通を曲がりなりにも果たした京成は一見、順風満帆《まんぱん》といったところだったが、国鉄総武線は昭和７年にすでに御茶《おちゃ》ノ水《みず》まで延長されて中央緩行《かんこう》線（各駅停車）と相互直通し、また千葉まで電化されて、カーブと駅が多い京成よりも速くなっていたので、東京―千葉間に関しては国鉄のほうがよく利用されるようになっていた。

昭和47年には総武線が複々線化され、錦糸町《きんしちょう》―東京間の快速線が開通、さらに横須賀線が地下化のうえ総武快速線と相互直通を開始して、京成の利用客はかなり減った。京成と総武線は船橋で接しているが、京成の船橋以東からの乗客は、船橋で総武線に乗り換えて都心に向かう有り様であった。

国鉄やその後のJRとの競争は、これだけではない。京成は成田空港への乗り入れを果たしたが、国鉄や新東京国際空港公団、日本鉄道建設公団が建設していた成田新幹線があったために、京成の成田空港線は空港敷地外に設置され、空港に行くにはさらにバスに乗り換えなくてはならなかった。国側は、京成の成田空港線が担《にな》うのは主に空港職員の輸送としていたのだ。

ところが、成田新幹線は反対運動によって建設が中止された。すでに完成していた、JR成田線に接する通称土屋地区から成田空港ターミナル間の路盤と、成田新幹線東京ターミナルは、むなしく放置されるがままになった。

その後、東京ターミナルは京葉《けいよう》線の東京ターミナルに流用された。成田空港内の路盤は京成とJRとが直通できるように改良のうえ、成田高速鉄道によって開通され、JRと京成が乗り入れるようになった。JRは成田エクスプレスと快速エアポート成田、京成はスカイライナーと特急を走らせた。

新宿と横浜発の成田エクスプレスのほか、JRには大船《おおふな》や大宮、高尾を始発駅とする列車もあり、ネットワークの強みでよく利用されるが、運賃・料金では京成のほうが安い。現状での利用

成田線から見た成田新幹線土屋駅。
完成済みのコンコース階などが放置されている

率は五分五分といったところである。

成田空港は遠く、京成もＪＲも１時間程度かかっている。そこで成田新幹線の建設中止後、国土交通省はつねづね考えていた北総鉄道経由で、土屋地区から成田高速鉄道に直通するルートの整備を決定した。

スカイライナーをこのルートに使い、京成本線は時速１１０キロ、北総線は１３０キロ、北総線の印旛《いんば》日本医大駅から成田空港駅までは１６０キロの速度で走ることにした。この結果、日暮里—空港第２ビル間の所要時間は36分と大幅に短縮できる。

とりあえずは上野発着で走らせるとしているが、都営浅草線の蔵前《くらまえ》を都営大江戸線の蔵前近くに移転、待避追い越し設備も設置してスカイライナーの一部を都営線直通にすることも考えている。さらに日本橋―宝町間から東京駅まで枝線を設置して、スカイライナーを東京駅発着にしたり、都営浅草線を通り越して京急線に直通、成田空港－羽田空港間で走らせることも構想されている。新宿からも大江戸線乗り継ぎでスカイライナーを利用できるようになる。

こうなると成田エクスプレスの価値は薄まる。各地から成田空港に直通している成田エクスプレスだが、発着駅やルートを大きく変えないと、高速化したスカイライナーにはなかなか対抗できない。スカイライナーの高速化で、成田空港アクセス電車は大きく様変わりすることになる。

どん行会

毎年5月と11月に、種村直樹《たねむらなおき》先生を中心に、バスを含む鉄道関連の執筆者、編集者、写真家、旅行作家、温泉評論家、観光旅館の主人などが集まって小旅行を行っている。この会を「どん行会」といい、毎回20人程度が集まって、酒宴を楽しんでいる。「どん行会」はのんびりする「鈍行会」であり、筆者としては「呑行の会」であるとも理解している。

2004年の春は1ヵ月早めた4月に、御柱《おんばしら》祭《さい》に合わせて下諏訪《しもすわ》に行った。そして11月は草津温泉であった。

基本的に現地集合、現地解散であり、執筆者や編集者は鉄道とバスを主に利用するが、写真家はクルマが多い。鉄道写真を撮るにはどうしても機動性のあるクルマが必要になるが、執筆者は鉄道やバスに乗ったほうが、ネタ探しができるからだ。

毎回、日曜に現地に集まり、月曜に解散している。通常の取材時は、筆者は夜明けとともに宿を出て、日の入りぎりぎりまで取材を続け、19時頃、旅館やホテルに到着する。だから、宿でゆっくりすることはあまりない。しかし、どん行会では16時頃着いて、翌日は9時頃出発するというのんびり宿泊になる。年2回のどん行会はいつも楽しみにしている。

日曜なので、午前中に普段の買い物を済ませてから出発する。草津温泉のときは大月から新宿まで特急「あずさ」に乗った。大月—八王子間で「あずさ」に乗ることは滅多にない。いつも大月から甲府・松本方面へと、新宿から八王子までばかりなのである。

新宿から湘《しょう》南《なん》新宿ラインで赤羽《あかばね》まで行き、赤羽から「草津」5号に乗った。これに乗ったのには訳がある。以前、新前橋あたりを取材後、上野行の「草津」に乗ったとき、ホームにいた駅弁売りから客が窓を開けて駅弁を買っていた光景を見たからである。

「草津」の車両は185系で、普通列車にも使用できるようにしているために窓が開く。今どき特急で窓が開くのも珍しいし、それに合わせて駅弁をホームから売っているのも珍しい。

このときは気づくのが遅くて撮影できなかったし、窓を開けて駅弁を買うという行為も久しぶりに楽しみたかったのである。

新前橋には13時28分に到着、「水上《みなかみ》」5号を切り離すため2分間停車する。しかし、駅弁売りのあの独特な声が聞こえてこない。「水上」5号は後発なので6分間停車するから、そちらに行っているのかと思った。帰りにもう一回チャレンジしようということでその場はあきらめ、長野《ながの》原《はら》草津口で草津温泉行バスに乗り換えた。

草津到着後、温泉につかったあとは宴会である。こんな集まりなので、さぞかし鉄道の話で盛り上がると思われようが、そういうことはあまりない。ドンチャン騒ぎとカラオケに終始し、気がつけば朝ということも多い。多くの参加者は何を話したのか覚えていないくらい飲んでしまうのである。お開きには歌謡曲「高原列車は行く」をもじった「どん行列車は行く」をみんなで歌い、その後も（何を話したかは覚えていないが）いろいろ話をしたり、深夜に再び湯を浴びに行ったりする。

翌朝も流れ解散である。このときの筆者は、種村先生や編集者とともに再び特急「草津」4号に乗車して、新前橋で駅弁を買うことにした。

しかし、新前橋ではホームにあった駅そばもなくなっていたので、駅弁屋さん自体が廃業、あるいはホーム売りを中止したのだと考えるしかなかった。帰宅して時刻表を見ると、新前橋では高崎で売っている「だるま弁当」だけ販売すると記載されている。

これで、特急列車の窓を開けてホームの駅弁売りから買うという楽しみは味わえなくなった。せめて繁忙《はんぼう》期くらいは、新前橋で駅弁売りを復活させてほしいものである。

第十二章　12月——かにカニ列車と餘部《あまるべ》鉄橋のナゾ

27日…南海の前身・阪堺《はんかい》鉄道開業

日本初の私鉄は東京の市街地に路線網を巡らせた東京馬車鉄道で、東北線などを開業した日本鉄道がそれに続くが、東京馬車鉄道は本格的な鉄道ではないし、日本鉄道は政府が関与し、建設もしたので純粋な私鉄とはいえない。初めて純粋な民間資本によって建設、開通されたのが、南海電鉄の前身の阪堺鉄道である。阪堺鉄道は明治18年（1885年）12月27日に難波《なんば》—大和川《やまとがわ》間を開通させた。発起人、株主は大阪、堺《さかい》の商人たちである。

官営釜石《かまいし》製鉄所が廃止になり、釜石港—製鉄所間の釜石鉄道が不要になったため、その資材一式を払い下げてもらい使用した。このため軌間は838ミリ（2フィート9インチ）だった。

大和川は渡れず、堺にも達していなかったが、それでもよく利用された。建設資材の多くを中古品にしたこともあり、利益は大きかった。鉄道の収益性が高いことを示したため、大阪周辺では蒸気私設鉄道が次々に開業していく。

阪堺鉄道も大和川渡河《とか》資金を確保し、明治21年5月に堺まで線路を延長した。そして堺までに飽《あ》き足らず、和歌山まで延長しようとしたのだが、和歌山まで建設すると収益率が落ちる。そこで堺—和歌山間の南海鉄道を設立し、その沿線からの資本を集めることにして、所定の資本が集まったときに阪堺鉄道を解散し、南海鉄道に資産のすべてを譲渡《じょうと》した。阪堺の株1株は、南海の株2・5株と交換された。収益性が高かった阪堺鉄道が、株主に配慮した措置《そち》である。

南海鉄道は和歌山までの延伸線を、当時日本の標準軌間だった1067ミリで建設し、阪堺鉄道も1067ミリに改軌することにして、部分開業を繰り返しながら、明治36年3月に和歌山市まで開通した。すでに開通していた紀和《きわ》鉄道に和歌山駅があったので、駅名は和歌山市とした。紀和鉄道は現在のJR和歌山線、その和歌山駅は現在の紀和である。

難波―和歌山市間は1日12往復、そのうち1往復は急行で、紀和鉄道にも直通した。このため和歌山市―和歌山間に連絡線も建設した。急行の難波―和歌山市間の所要時間は2時間だった。

明治39年には急行を大増発、所要時間も1時間50分にスピードアップして、食堂車も連結した。ただ、所要時間1時間50分では食堂車に入って食事をすれば、もう和歌山市ということになるので、利用率はそこそこだった。

明治37年に甲武《こうぶ》鉄道が飯田町《いいだまち》―中野間を電化して電車を走らせ、38年4月には阪神電鉄も開業して都市間電車の威力を見せつけられると、企業防衛の意味からも、南海鉄道の難波―浜寺《はまでら》（現・浜寺公園）間を電化することを同年6月の株主総会で決議し、40年に同区間を電化、電車を1時間に5本走らせた。44年には難波―和歌山市間全区間を電化し、蒸機列車の急行と同じ1時間50分で難波―和歌山市間を結んだ。このため蒸機列車の急行および食堂車は廃止された。

一方、現在の高野《こうや》線は高野鉄道として、明治31年1月に大小路《おおしょうじ》（現・堺東《さかいひがし》）―狭山《さやま》間、同年

4月に狭山―長野(現・河内長野《かわち》)間が開通した。35年12月には河陽《こうよう》鉄道(現・近鉄南大阪線)も関西鉄道(現・関西線)の柏原《かしわばら》から長野まで開通させ、競合状態が起こった。高野鉄道は高野山を目指して延長しようとしたが、河陽鉄道が関西鉄道を経由して大阪まで連絡しているのに、こちらは大小路で止まっているため不利だった。そこで33年9月に道頓堀《どうとんぼり》(現・汐見橋《しおみばし》)―大小路間を開通させ、自ら大阪にターミナルを設置するとともに、岸ノ里で南海鉄道と連絡した。

人口希薄だった長野で河陽鉄道と競合し、沿線もまた人口希薄地帯だったため経営は芳《かんば》しくなく、結局、高野鉄道は高野山までの免許を放棄し、東京、大阪の資本を導入することになった。

このとき動いたのが東武鉄道の根津嘉一郎《ねづかいちろう》である。根津は高野登山鉄道を設立して社長におさまり、現地支配人に、のちに東京地下鉄道を開通させた早川徳次《はやかわとくじ》をつけて、高野鉄道の事業一切を譲受《じょうじゅ》した。根津らは積極経営を推進して、大正元年(1912年)10月に電化し電車を走らせ、大正4年3月には橋本まで延長して国鉄和歌山線と接続、社名も大阪高野鉄道と改称した。

高野山までは別会社で開通させることで大阪高野鉄道が被害を被《こうむ》らないようにするという目的から、高野大師《こうやだいし》鉄道を設立、免許を取得したが、ここで国鉄和歌山線経由で高野山へのルートを持つ南海鉄道が危機感を持ち、合併話を持ち込んできた。当初はまとまらなかったが、南海と対等合併することで決着し、大正11年9月に合併、根津らは優良企業の南海とひとつになるなら安心ということで、大阪高野鉄道から引き上げた。

南海の手で高野山への延長工事が開始され、大正14年7月に高野下まで開通。この先は子会社の高野山電気鉄道の手で極楽橋《ごくらくばし》まで、そして極楽橋―高野山まではケーブルカーで開通された。

一方、和歌山まで並行する阪和電気鉄道が昭和5年（1930年）6月に全通して高速電車を走らせ、南海は脅威《きょうい》を感じた。しかし、交通統合で昭和15年12月に阪和電気鉄道と南海は合併、さらに19年5月に旧阪和電気鉄道区間を国鉄に譲渡、6月に関西急行鉄道と合併して、ここに近畿日本鉄道が誕生した。

戦後になると、旧南海鉄道系は近鉄と袂《たもと》を分かつことになり、昭和22年3月にペーパー会社として残っていた高野山電気鉄道を南海電気鉄道と社名変更、6月に旧南海鉄道の事業を譲受する形で近鉄から分離した。

現在の南海電気鉄道は空港線を開通させ、関空アクセス特急の「ラピート」や関空急行を走らせるようになった。高野線沿線はベッドタウンになり、通勤特急として「りんかん」が、観光特急として「こうや」が利用されている。和歌山へは急行の他に、8両編成のうち4両がリクライニングシートの特急車、4両が通勤形を使う特急「サザン」も走っている。

今後は、エリアが広いJR西日本に対抗するために汐見橋から建設されるなにわ筋線に直通して、関空アクセス列車が新大阪まで走ることになる。しかし、なにわ筋線にはJR西日本の列車も走る予定で、南海の切り札にはなりにくい状況である。

11日…九州初の鉄道・九州鉄道

今の鹿児島本線の博多―千歳川《ちとせがわ》仮駅間は、九州鉄道の手によって明治22年（1889年）12月11日に開通した。これが九州で最初に開通した鉄道である。千歳川仮駅は千歳川の博多寄りにあり、橋梁《きょうりょう》をかけられなかったためにここを仮駅として、渡し舟で筑後川《ちくご》と合流する地点まで連絡し、久留米《くるめ》に行けるようにしていた。

すでに北海道と四国にも鉄道が開通しており、九州が国内で一番最後となった。しかし、門司《もじ》から熊本までの鉄道を、日本鉄道のように民間の出資によって建設する計画そのものは、明治10年代にはあったのだ。政府に働きかけ、政府は鉄道局に「ルート選定に長《た》けている人を出せ」と命じたものの、当時の井上勝《いのうえまさる》鉄道局長は幹線は官営で設ける主義だったので、何もしなかった。

そこで各県知事は九州鉄道を設立したいと上申《じょうしん》し、政府は井上局長に意見を求めた。井上局長は「中山道《なかせんどう》鉄道の建設で手いっぱい。まもなく公布する私設鉄道条例に従うなら設立を許可してもいい。しかし、日本鉄道のように利子補給も鉄道局が建設することもない」と答えた。

しかし、結局は政府の九州開発、国防の観点から、九州鉄道は政府の保護の下で、明治21年6月に免許が下り、着工、博多―千歳川仮駅間が開通したのである、その後、順次、福岡、佐賀、熊本、長崎の各県に線路が延びていった。最盛期には現在の鹿児島線の門司―八代《やつしろ》間、長崎線、佐世保《させぼ》線の大半、三角《みすみ》線や唐津《からつ》線、日豊《にっぽう》線の大分以北、北九州炭田地区の各線などや、その後開業した豊洲《とよす》鉄道などを合併したりして、大路線網を形成した。営業キロは717・8キロにも及ぶ大私鉄となったが、明治40年に国有化され、国鉄となった。官設鉄道は明治34年に鹿児島—国《こく》分《ぶ》間が開通、36年に吉松まで延長された。

鹿児島線が全通したのは明治42年11月。以後、日豊線、長崎線が全通するが、日豊線は現在の吉都《きっと》線経由で、長崎線は佐世保・大村線経由で全通し、その後、現在のルートになった。

現在、九州新幹線の新八代—鹿児島中央間が開通し、博多—新八代間が建設中である。これは整備新幹線だが、鹿児島線の改良という意味もある。九州新幹線は不要という論調があり、部分開業区間の新八代—鹿児島中央間は赤字で閑古鳥《かんこどり》が鳴くだろうといわれていたが、いざ開通してみると予想を上回るほど利用されている。それまで在来線を走っていた特急「つばめ」の輸送人員の2・3倍と、大幅に上回っているほどだ。

博多まで開業すれば山陽新幹線と直通でき、さらに利用されるようになる。また、博多—鹿児島中央間は九州新幹線鹿児島ルートというもので、他に長崎ルートもある。こちらは武雄《たけお》温泉—諫早《いさはや》間だけを建設し、フリーゲージトレインによって在来線と直通する予定だが、これが開通すると長崎線の肥前山口《ひぜんやまぐち》—諫早間が赤字路線になるとして地元は反対している。当然そうなるだろうが、フリーゲージトレインなら同区間も直通できるので、併行在来線に特急が走ることによって大幅な赤字は回避できる。なぜ、その点を考えないのか不思議である。

20日…京浜東北線の開業

京浜東北線というものは、正式路線にはない。東京を境に北側は東北線、南側は東海道線である。東北線の上野—東京間には山手線と電車線しかないが、上野以北では列車線という中・長距離用線路がある。東海道線には長距離の列車線の他に中距離の列車線、すなわち横須賀線電車用の線路がある。

新橋—横浜間が開業したのち、明治9年（1876年）に新橋—品川間を皮切りに順次複線化が進められ、横浜まで複線化されたのは14年のことである。18年には日本鉄道の山手線が品川で接続するようになり、32年に新橋—品川間は複々線化された。一方の線路は長距離用、もう一方は山手線用である。42年には山手線用の線路を電化、これを電車線と呼ぶようになり、烏森《からすもり》（現在の新橋駅。開業時の新橋はのちに汐留《しおどめ》貨物駅となる）—上野間に電車運転を開始した。これが山手線電車の始まりである。

横浜では東海道線開業時にはスイッチバックをしていた。これでは不便ということで2度移転して、旧神奈川停車場のやや国府津《こうづ》寄りの現在の位置に新しい横浜駅を設置、旧横浜駅は桜木《さくらぎ》町《ちょう》と改称した。

現在の東京駅は中央停車場と呼ばれていた。この中央停車場の開業日に合わせて、東京―横浜間にも電車運転を開始することになった。このため品川―横浜間に電車線を併設、仮開業していた呉服橋《ごふくばし》―烏森間を列車線と電車線に分けて、呉服橋に大きな中央停車場を開設した。

中央停車場の開設と京浜間電車の運転開始は大正3年（1914年）12月20日と決定し、これに合わせて電車線増設は突貫工事で行われた。

なんとか開業日を迎えたまではよかったのだが、ほぼすべての電車がトラブルに巻き込まれた。突貫工事により路盤が安定しておらず車両の重みで沈下したため、架線とパンタグラフが接触しなくなったり、架線が切れたりしていたのである。なかには要人を乗せた電車もあった。

結局、いったん営業を休止して不具合箇所を直し、大正4年5月10日から営業を再開。今度はトラブルもあまりなく、スムーズに走るようになった。京浜電鉄と並行する品川―神奈川間の所要時間は35分、運転間隔は15分毎《ごと》だった。

当時は京浜電鉄が同区間を所要時間46分で結んでおり、運転間隔は7分と短かったが、所要時間では11分の差をつけられ、京浜線の開業で京浜電鉄の乗客は大きく減ってしまった。

その後も京浜電鉄は、京浜東北線、そして電化後の東海道線や横須賀線と渡り合うことになる。湘南《しょうなん》電鉄と合併して横須賀へと路線を延ばしたはいいが、横浜で国鉄に乗り換えられるようになってしまった。船橋で総武線に乗り換えられていた京成と同じ状況となったのである。

戦後、京浜電鉄は京浜急行となったが、京急は昭和43年（1968年）の都営浅草線との相互直通時に快速特急を設定したことで東海道線と渡り合えるようになった。平成7年（1995年）には京浜間で時速120キロ運転を開始して品川―横浜間の所要時間を18分に短縮、ここで初めて東海道線電車の所要時間19分より速くなった。その後、空港線の新羽田ターミナル乗り入れのために京急蒲田《かまた》に停車するようになり、所要時間は19分と延びてしまったが、今は羽田空港アクセスでJR東日本の子会社になった東京モノレールと激しく乗客争奪戦を繰り広げている。

さて、大正14年11月に東京―上野間が開通し、京浜線電車は山手線とともに上野まで延長運転を始めた。このとき山手線電車は完全環状運転を開始、大正12年に田端《たばた》まで延長運転、昭和3年2月には尾久《おく》支線を開通させて、東北・高崎線列車は尾久経由にし、京浜線電車は赤羽《あかばね》まで延長運転した。さらに複々線化しないまま赤羽から東北線に乗り入れ、大宮まで延長運転を行った。

このため愛称は京浜線から東北・京浜線、さらに京浜・東北線となり、今では「・」が取れて京浜東北線と呼ばれるようになった。しかし、東京以南では東北という呼び方に不満を持っており、昭和40年代前半まで、駅のアナウンスは「京浜線発車」などといって東北を省略していた（現在、総武緩行《かんこう》線と中央緩行線は相互直通しているが、案内はすべて「中央・総武線」としている。「・」がいつ取れるのか見ものである）。

戦後の昭和31年に山手線と分離、43年には東北線と分離し、39年5月に磯子《いそご》までの根岸線が開通して京浜東北線と相互直通を開始すると、東海道線の支線としていた横浜―桜木町間は根岸線に含まれるようになった。その根岸線は48年に大船《おおふな》まで全通、現在は大宮―大船間81・2キロの中距離を走る電車に成長した。

今後、電車線を大宮から高崎線の宮原《みやはら》まで延長し、高崎線に直通させる構想がある。そうなると今以上に走行距離は長くなる。しかし、ここに投入された最新の通勤電車の座席は固くて座り心地が悪い。長距離運転をしても、乗客はそれほど長い距離を乗らないだろうが、それでも、こんな固い座席はご免こうむりたい。改善してほしいところである。

30日…日本初の地下鉄が開通

明治末期から大正にかけて、東京の市街地の道路には至るところに市街電車の線路が敷かれていた。そこを荷車や人が駆け抜けるために、電車は思うように走れない。万世橋《まんせいばし》付近に至っては電車の線路があちらこちらにあり、それこそどうにもならない状態で「東京名物満員電車」と悪口を言われるようになっていた。

こんなとき、東京に地下鉄を建設すべきと唱《とな》えたのが早川徳次だ。早川は南満州鉄道の初代総裁、後藤新平《ごとうしんぺい》の秘書課嘱託《しょくたく》として同社に入社、後藤が逓信《ていしん》大臣になると同社を退社して、鉄道院に転職した。その後、同郷の山梨出身の根津嘉一郎《ねづかいちろう》の口利きで、まずは東武系列になった佐野鉄道(現・東武佐野線)の幹部に、そして高野登山鉄道(現・南海高野線）の現地支配人になった。大阪高野鉄道が南海と合併したときに、鉄道院嘱託として欧米の鉄道、港湾を視察、ここでロンドンの地下鉄に感嘆している。

そして帰国後、地下鉄必要論を唱えたわけだが、当初は相手にされなかった。しかし、渋沢栄一《しぶさわえいいち》が共鳴してくれたおかげで東京市長に面会が叶《かな》い、市長は地下鉄の必要性を理解した。とはいうものの、市にその財力はなく、早川が中心になって地下鉄建設に邁進《まいしん》してはどうかということになった。このとき早川には資金の当てなどなかったが、ほうっておけば誰かに地下鉄建設の出願をされてしまうということで、軽便鉄道であれば補助金が出ることから東京軽便地下鉄道を発起し、浅草―上野―新橋―品川間と上野―南千住《せんじゅ》間の免許を出願した。浅草―品川間は東京馬車鉄道が最初に開業させた区間で、市電になってからも市電大通りと呼ばれたドル箱区間であり、最混雑区間でもあった。

東京市は将来、市が買収するときは拒否できないことを条件に、これを認めた。すると、他の鉄道企業家たちもいっせいに地下鉄道を発起し、路線免許を申請した。これらは離合集散を繰り返して、最終的に武蔵《むさし》電気鉄道、東京高速鉄道、東京鉄道の3社に統合された。

先行していた東京軽便地下鉄道の免許は大正8年（1919年）に下り、9年に東京地下鉄道と改称のうえ会社を設立したが、資本の集まりは悪かった。

この頃、東京市は地下鉄網として5路線を選定したものの、いろいろな意見があり、他の私設地下鉄計画にも左右されて、ルートはたびたび変更された。

東京地下鉄道にはようやく資本が集まり、大正13年に浅草—上野間を着工、昭和2年（1927年）12月30日に開業させた。9年6月には新橋まで開通し、また、品川まで開通したときには京浜電鉄と直通運転をする予定で、京浜電鉄ではそれに合わせた電車も造った。

ところが、これは東急の総帥《そうすい》、五島慶太《ごとうけいた》に阻止される。東京地下鉄道が建設した路線は1号線とされていたが、東京市が予定していた3号線の一部区間である渋谷—東京間と、4号線の一部である新宿—築地《つきじ》間については、五島が設立した東京高速鉄道が建設することになったのだ。

東京高速鉄道は渋谷から東京までの区間のうち、まず途中の新橋までの建設を開始し、新橋で東京地下鉄道と接続しようとした。しかし、東京地下鉄道がこれを拒否したことから、東京高速鉄道は別に新橋仮駅を設置して、昭和14年1月に渋谷から新橋仮駅まで全通させた。

東京地下鉄道が、新橋から品川に向かう1号線の建設を推進しているところに、東京高速鉄道が侵入しようとしたので、早川は面白くなかったのである。

1年ほどは新橋地下駅と新橋仮駅が別々にあったが、利用者から不便という声が挙がったことで、ようやくレールが結ばれ、直通運転をするようになった。

早川と五島は直通運転後も対立し、早川率いる東京地下鉄道と京浜電鉄などは早期に新橋—品川間を開通させるため京浜地下鉄道を設立、東京地下鉄道の同区間の免許を譲渡した。

だが、五島は〝強盗慶太〟と揶揄《やゆ》された手腕を発揮し、京浜電鉄の株を買い進めて同社の筆頭株主になり、東京地下鉄道の株も35%取得、多くの株主を説得して東京高速鉄道との合併を迫ったので、収拾がつかなくなってしまった。

このため内務省が調停に入り、早川も五島も地下鉄経営から手を引くことで決着したものの、両地下鉄の合併時に株を多数持っていた五島はそのまま取締役に留任、東京高速鉄道が存続会社となり、結局は早川の負けとなった。昭和16年5月に帝都高速度交通営団法が公布され、東京高速鉄道は営団地下鉄に買収されたが、五島はしっかりと営団の理事に就任した。

戦後の地下鉄計画では、浅草―渋谷間は3号線とされ、東京高速鉄道が一部着工して赤坂見附《みつけ》で3号線と接続するようルート変更した渋谷―東京間は4号線とされた。

東京市が取得していた1号線、2号線、5号線も営団が免許を譲受、その後もルートをいろいろ変更したものの、最後には1号線は東京都が免許を再譲受して都営浅草線として、2号線は営団日比谷線、3号線は銀座線、4号線は丸ノ内線、5号線は東西線として開通した。

その後も13号線まで拡大して次々開通し、現在、計画のうち未開通なのは13号線の池袋―渋谷間と、8号線、11号線、12号線の一部区間だけとなった。13号線は渋谷で東急東横線と直通する予定だ。

現在は有楽町線となっている和光市《わこうし》—新線池袋間は13号線で、小竹向原《こたけむかいはら》—新線池袋・池袋間では8号線と重複しており、上下2重地下の複々線になっている。

8号線は本来の有楽町線のことで、未開通なのは、豊洲《とよす》—住吉《すみよし》間と押上《おしあげ》—四つ木—亀有《かめあり》間である。8号線の未開通区間は押上—四つ木—野田市《のだし》間で、住吉—四つ木間は8号線と11号線との重複区間、住吉—押上間は開通している。

12号線は都営大江戸線のことで、光が丘から大泉学園町までが未開通、大泉学園町からはルート未定だが、武蔵野線の新設駅を含むどこかの駅まで延伸される予定である。

かにカニ列車と餘部鉄橋のナゾ

2月の項でも紹介したように、毎年、12月から3月の間、JR西日本は大阪から兵庫県の日本海側に「かにカニ列車」を走らせている。２００４年に運転されたのは大阪—城崎《きのさき》（現・城崎温泉）・香住《かすみ》間の「かにカニ北近畿」、大阪—香住間の「かにカニはまかぜ」、そして大阪—浜坂《はまさか》間の「かにカニ但馬《たじま》」などである。

「かにカニ北近畿」が走る福知山《ふくちやま》線と山陰線の福知山—城崎間は電化されている。「かにカニはまかぜ」と「かにカニ但馬」が走る播但《ばんたん》線の一部と城崎以西の山陰線は電化されていない。

「かにカニはまかぜ」は香住まで、定期特急の「はまかぜ」も香住までは結構走るが、香住以西へは極端に本数が減る。普通列車も同様に、香住―浜坂間の運転本数は少ない。浜坂のカニは結構おいしいのだが、東側からの列車の本数は少ないのである。

その要因は餘部鉄橋にある。餘部鉄橋は現在の高千穂《たかちほ》鉄道にある高千穂鉄橋ができるまで、日本一高い鉄橋だったが、日本海からの強風で列車が運休することもしばしばであった。昭和61年（1986年）12月28日には回送中のジョイフルトレインの「みやび」が強風により転落して真下のカニ缶工場を直撃、車掌と工場にいた5人の計6人が死亡する事故が起こり、その後は風が少しでも強くなると運休するようになった。このため極端に本数が少ないのである。

浜坂から餘部鉄橋を経て大阪方面に行くのは不便になり、高速気動車特急「スーパーはくと」が京都—倉吉間に山陽線、智頭《ちず》急行線経由で走り出してからは鳥取経由のほうがかえって便利になった。とはいえ、遠回りであることも確かだ。

餘部鉄橋は明治40年（1907年）に造られた鋼鉄製鉄橋で、強風対策として網や支柱を立てるほどの強度がないとされている。そこで2010年完成を目指してコンクリート橋への架け替えがほぼ決まった。これは国と兵庫県が費用の大半を負担する。これで強風が吹いても安心して走れるようになる。しかし、架け替え費用は30億円、ただ安心して列車運行するだけではもったいない。高速化が必要である。

播但線経由の「はまかぜ」は国鉄時代に設計された高出力車だが、勾配《こうばい》にはすこぶる弱く、播

かにカニ列車のルート

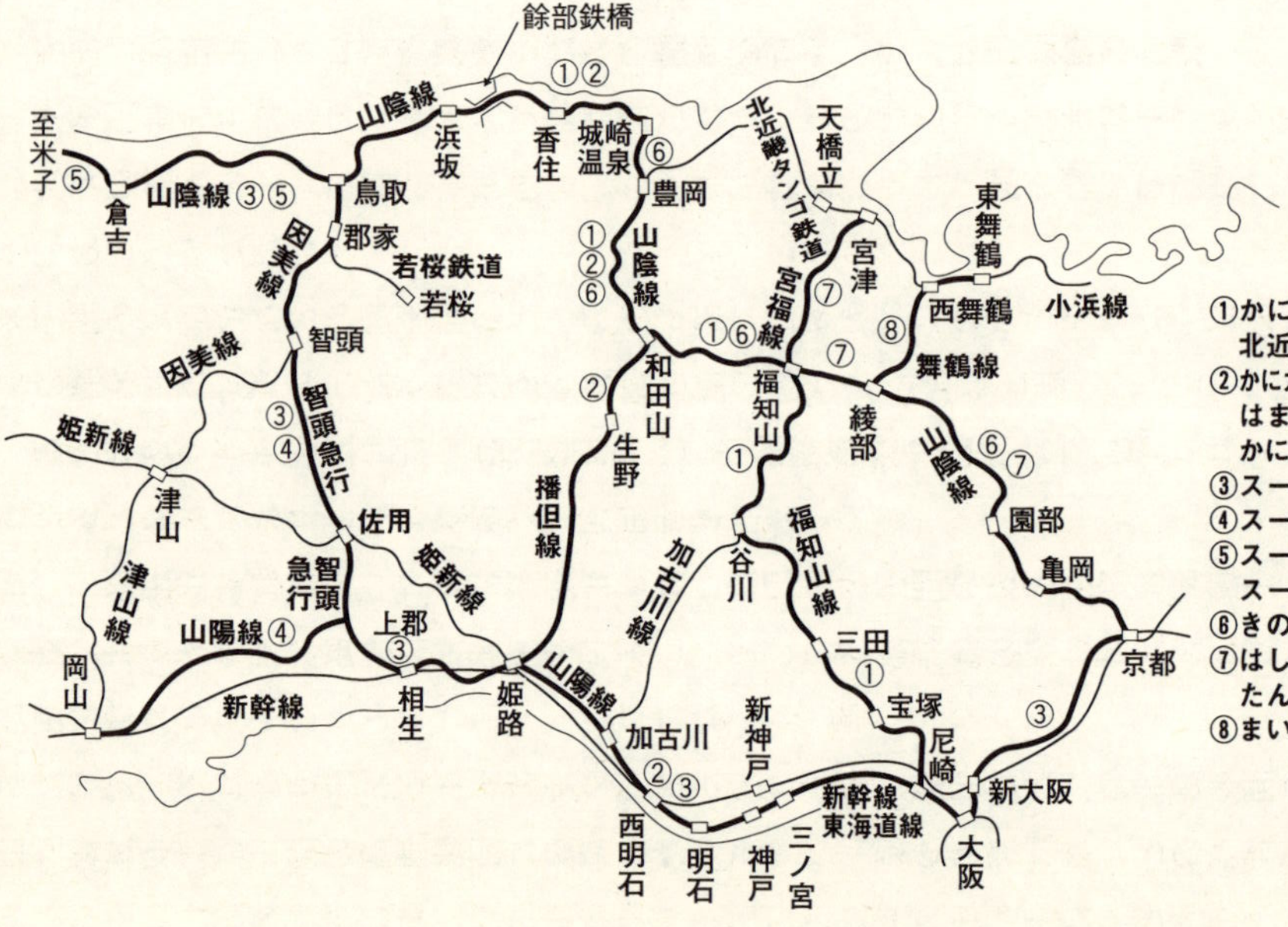

①かにカニ北近畿
　北近畿(城崎まで)
②かにカニはまかぜ(香住まで)
　はまかぜ
　かにカニ但馬(浜坂まで)
③スーパーはくと
④スーパーいなば
⑤スーパーおき
　スーパーまつかぜ
⑥きのさき
⑦はしだて
　たんば(福知山まで)
⑧まいづる

但線の生野《いくの》付近の峠《とうげ》ではあえいで走っている。ここに「スーパーはくと」用、あるいはその後、山陰線鳥取—益田《ますだ》間の高速化時に登場した「スーパーまつかぜ」用などの高性能気動車を投入するだけで、それなりにスピードアップできる。さらに、播但線と城崎—鳥取間を軌道強化などで高速化すれば、かなりのスピードアップになろう。

電化よりもまずは高性能気動車を投入し、そして餘部鉄橋の架け替えとともに軌道強化などを行って高速化すればいい。先に高速化された鳥取—米子《よなご》間の表定速度は時速100キロ近い。こうなるとクルマよりもかなり速く、利用者も増えている。

筆者は2004年12月に「(浜坂付近の)山陰線活性化協議会」に呼ばれて、このようなプランを講演した。浜坂あたりではもう鉄道は使い物にならないと思っている人が多いが、「鳥取—米子間の高速化などの例を聞くと、鉄道も捨てたものではないと思うようになった」という感想を、あとでいただいた。

地元の熱意によって自治体が動き、兵庫県が動き、そして国が動いて高速化が実現する。鳥取—米子間はまさにこのプロセスで高速化された。このときにも筆者は1999年9月に鳥取で、高速化と活性化について啓蒙《けいもう》するための講演を行い、それが山陰線の鳥取—米子間と、高速化前の「スーパーはくと」が走っていた因美《いんび》線智頭—鳥取間の高速化につながっている。

鉄道を活性化するには、まず地元が熱意を持たなくてはならないのである。

川島令三

1950年、兵庫県に生まれる。芦屋高校鉄道研究会、東海大学鉄道研究会を経て鉄道図書刊行会に勤務、『鉄道ピクトリアル』『電気車の科学』を編集。鉄道アナリスト。鉄道友の会会員。全国鉄道利用者会議会員。

著書には『全国鉄道事情大研究』シリーズ、『関西圏通勤電車徹底批評(上)(下)』(以上、草思社)、『新線鉄道計画徹底ガイド』シリーズ(山海堂)、『徹底チェック　車両』シリーズ(中央書院)、『どうなる新線鉄道計画』シリーズ(産調出版)、『鉄道なるほど雑学事典(1、2)』『幻の鉄道路線を追う』(以上、PHP文庫)、『日本の鉄道名所100を歩く』(講談社+α新書)などがある。

講談社+α《プラスアルファ》新書 219-2 C

鉄道《てつどう》カレンダー
全国とことん楽しむ行動案内12ヵ月

川島令三《かわしまりようぞう》 ©Ryozo Kawashima 2005

2005年5月20日第1刷発行

発行者――――野間佐和子
発行所――――株式会社 講談社
東京都文京区音羽2-12-21 〒112-8001
電話 出版部(03)5395-3532
販売部(03)5395-5817
業務部(03)5395-3615
カバー写真――――JTBフォト
デザイン――――鈴木成一デザイン室
カバー印刷――――共同印刷株式会社
印刷――――慶昌堂印刷株式会社
製本――――株式会社国宝社

落丁本・乱丁本は購入書店名を明記のうえ、小社業務部あてにお送りください。

送料は小社負担にてお取り替えします。

なお、この本の内容についてのお問い合わせは生活文化第三出版部あてにお願いいたします。

Printed in Japan ISBN4-06-272318-2 定価はカバーに表示してあります。